Sarah Gemmer

Lerninhalte selbstständig erarbeiten
Mathematik 2

Mit Tippkarten Schritt für Schritt zur richtigen Lösung

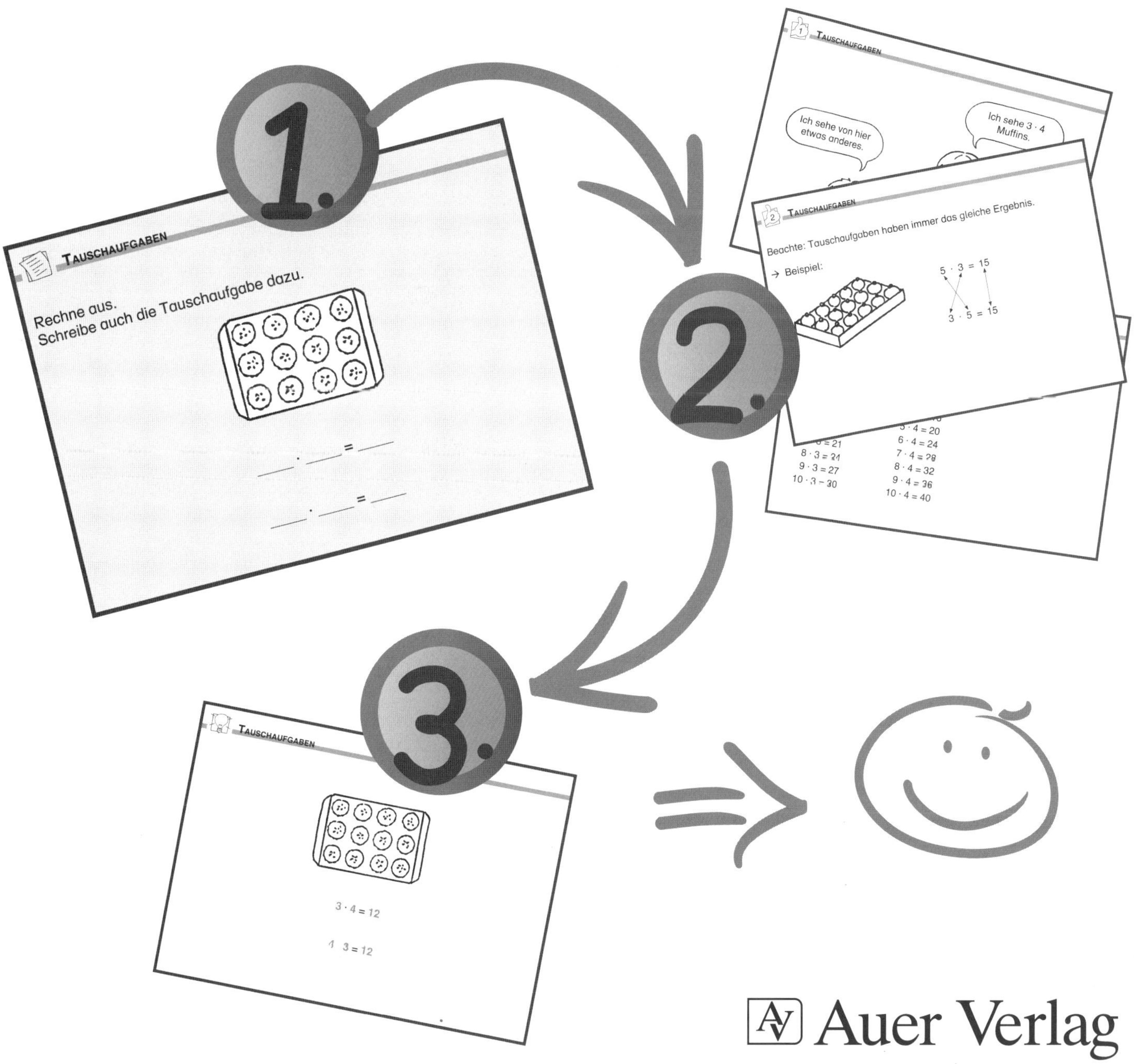

Auer Verlag

Gedruckt auf umweltbewusst gefertigtem, chlorfrei gebleichtem und alterungsbeständigem Papier.

1. Auflage 2013
Nach den seit 2006 amtlich gültigen Regelungen der Rechtschreibung

Illustrationen: Corina Beurenmeister, Icons in den Kopfzeilen von Julia Flasche
Satz: Typographie & Computer, Krefeld
Druck und Bindung: Kessler Druck + Medien, Bobingen
ISBN 978-3-403-**07006**-1

www.auer-verlag.de

Inhaltsverzeichnis

Vorwort

Das Schönste, was entdeckendes Lernen im Unterricht bewirken kann, sind mathematische Aha-Erlebnisse. Das plötzliche Begreifen von etwas, was kurz vorher noch gedanklich undurchdringbar erschien, ruft in den Schülerinnen und Schülern nicht nur Stolz auf die eigene Leistung hervor, sondern bildet darüber hinaus eine wichtige Grundlage für das Vertrauen in den eigenen Verstand und in die eigene Urteilsfähigkeit.

„Die schönste Mathematik ist die selbst entdeckte." – Diese Aussage von Prof. Dr. Henn (TU Dortmund) kann auch als Leitsatz für Autorin und Herausgeber der vorliegenden Veröffentlichung gelten. Wir möchten ihn gerne noch präzisieren durch *„Die beim Schüler **wirkungsvollste** Mathematik ist die selbst entdeckte"*, denn Inhalte, die den Schülern einfach nur „eingetrichtert" wurden, haben eine kurze Halbwertzeit und sind schon sehr bald nicht mehr abrufbar. Der amerikanische Psychologe Burrhus Frederic Skinner schreibt dazu: *„Bildung ist das, was überlebte, wenn das Gelernte vergessen wurde."* Auch im Hinblick auf einen kompetenzorientierten Mathematikunterricht und auf eine sinnvolle und gewinnbringende **Lebensvorbereitung** ist selbstentdeckendes Lernen unabdingbar, denn die Schüler entwickeln dabei selbst Strategien, erproben und verwerfen sie und suchen neue Lösungswege – Fähigkeiten, die im Alltag und für das weitere Leben unabdingbar sind.

Wie geht man als Mathematiklehrer jedoch damit um, wenn ein Schüler nicht weiß, wie er an ein neues Problem herangehen soll oder wenn seine Strategie so gar nicht zum Erfolg führen will? Jeder von uns kennt dies aus seiner tagtäglichen Arbeit. Wir haben im Unterricht hierzu sehr gute Erfahrungen mit dem sinnvollen Einsatz von Tippkarten gemacht.

Der **Aufbau** der Unterrichtshilfe ist klar und einfach:
Zu jeder **Aufgabenkarte** gibt es **zwei bis vier Tippkarten**, die gestaffelte Hinweise zur Lösung der Aufgaben geben. Sie bieten Differenzierungsmöglichkeiten sowohl auf der quantitativen Ebene als auch auf der Erschließungsebene (handelnd, bildlich oder symbolisch). Die Schüler wählen individuell aus, wie viele Tippkarten sie benötigen, um zur Lösung zu gelangen – jeder arbeitet dabei in seinem eigenen Tempo.

Zu jeder Aufgabe gibt es jeweils eine **Lösungskarte** zur Selbstkontrolle.
Das übersichtliche **Layout der Karten** garantiert ein optimales Zurechtfinden:

Aufgabenkarte

Tippkarte 1

Lösungskarte

Die Karten werden kopiert und ggf. laminiert; so können die Schüler ihre Lösung mit Folienstift darauf notieren. Die Tippkarten werden an einem fest vereinbarten Ort im Klassenzimmer abgelegt oder befinden sich in der Hand des Lehrers, der sie dann entsprechend einzeln ausgibt.

Folgende **Hauptthemen** der Klasse 2 werden abgedeckt:

- Geometrie
- Größen
- Sachrechnen
- Zahlraumerweiterung
- Addition
- Subtraktion
- Multiplikation
- Division

Viel Erfolg beim Einsatz der Materialien wünschen Herausgeber und Autorin

Geometrische Formen erkennen

Aus welchen und aus jeweils wie vielen Formen ist das Muster zusammengesetzt?

Geometrische Formen erkennen

1

Male die Formen in jeweils einer Farbe an. So erkennst du die unterschiedlichen Formen schneller.

2 Geometrische Formen erkennen

Das sind die verschiedenen Formen:

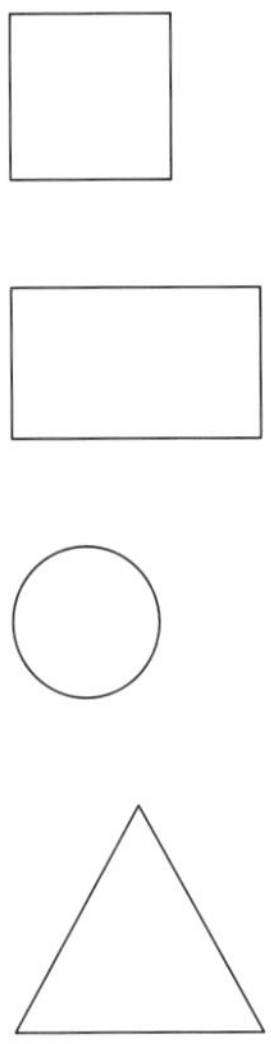

3 Geometrische Formen erkennen

Das Muster ist aus insgesamt 29 Formen zusammengesetzt.

Geometrische Formen erkennen

Das Muster ist aus

1 Quadrat,

4 Rechtecken,

4 Kreisen und

20 Dreiecken

zusammengesetzt.

Spiegeln

Zeichne das Spiegelbild.

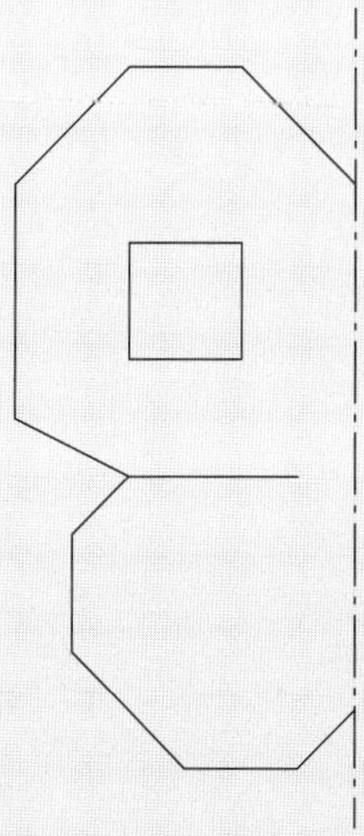

1 Spiegeln

Dies ist die Spiegelachse. An ihr spiegelst du das Muster.

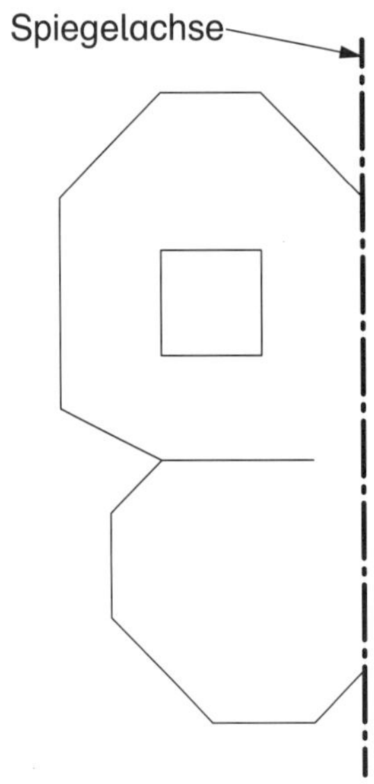

2 Spiegeln

Die Kästchen können dir beim Spiegeln helfen.

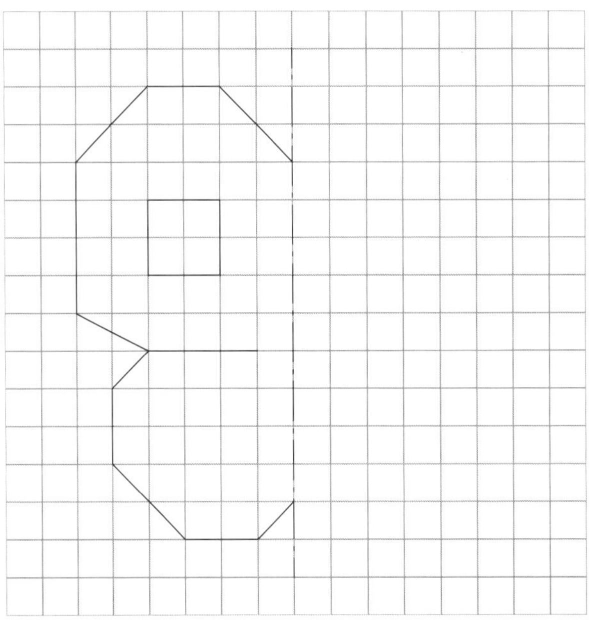

3 Spiegeln

Miss jeweils den Abstand zwischen einem Eckpunkt und der Spiegelachse. Markiere ihn anschließend auf der gegenüberliegenden Seite.

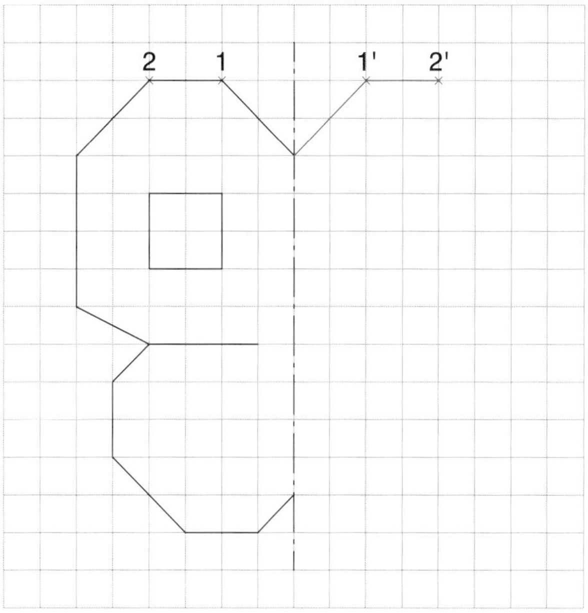

4 Spiegeln

Nimm den Handspiegel zu Hilfe.

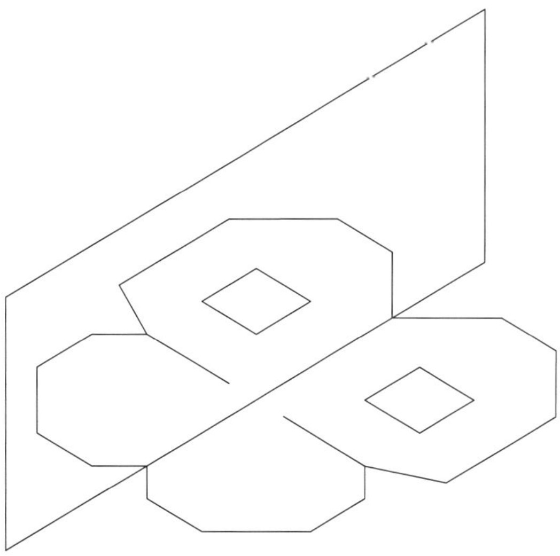

Spiegeln

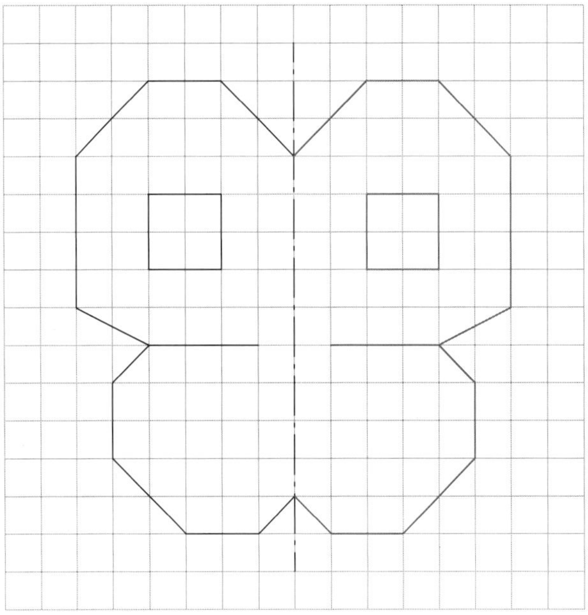

Körper erkennen

Aus welchen und aus jeweils wie vielen Körpern ist die Figur zusammengesetzt?

1 Körper erkennen

Die Figur besteht aus folgenden Körpern:

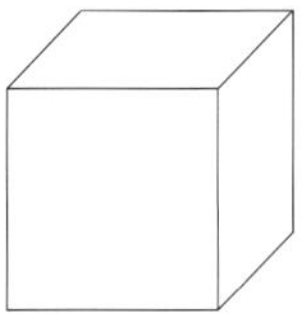

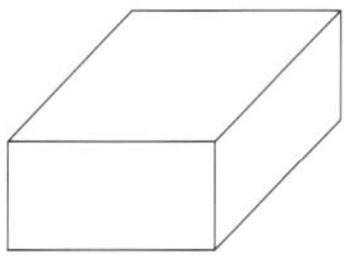

2 Körper erkennen

Die Figur ist aus insgesamt 15 Körpern zusammengesetzt.

Körper erkennen

Das Muster ist aus
9 Kugeln,
4 Zylindern,
1 Würfel und
1 Quader
zusammengesetzt.

Würfelgebäude

Baue mit Holzwürfeln diesen Bauplan nach.

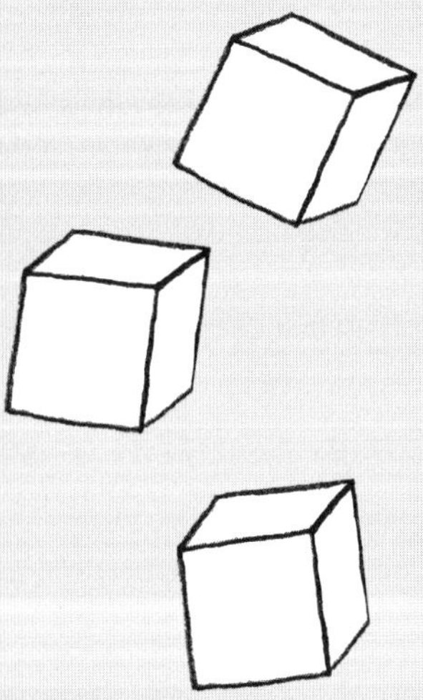

2	3	2
1		1

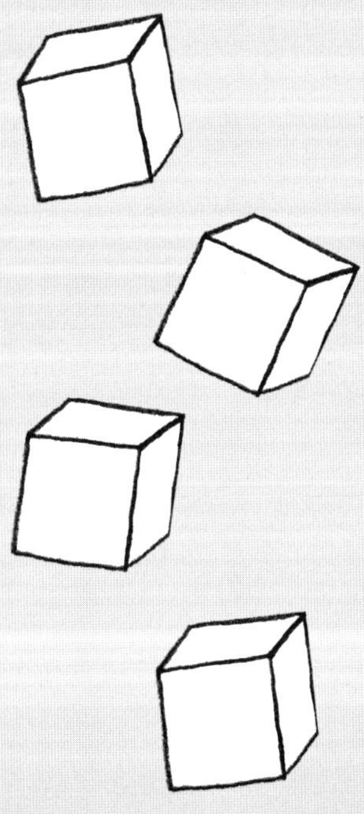

1 Würfelgebäude

Aus dem Bauplan kannst du ablesen, wie viele Würfel du auf jedes Feld setzen musst.

→ Beispiel:

2		

Auf dieses Feld musst du 2 Würfel setzen.

2 Würfelgebäude

Du benötigst insgesamt 9 Holzwürfel.

2	3	2
1		1

Würfelgebäude

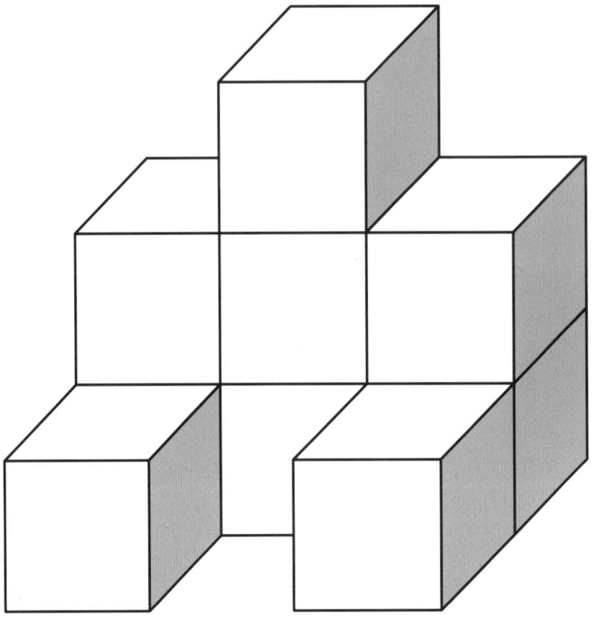

Längen: Meter und Zentimeter

Rechne um.

3 m = ______ cm	90 cm = ______ m
2,10 m = ______ cm	150 cm = ______ m
0,50 m = ______ cm	35 cm = ______ m
0,15 m = ______ cm	242 cm = ______ m

1 Längen: Meter und Zentimeter

Beachte die Abkürzungen:

Meter = m

Zentimeter = cm

2 Längen: Meter und Zentimeter

So wandelst du Meter in Zentimeter um und umgekehrt:

1 Meter (m) = 100 Zentimeter (cm)

100 Zentimeter (cm) = 1 Meter (m)

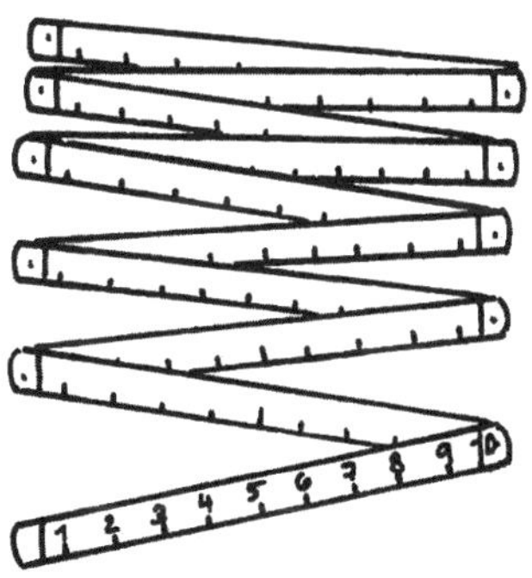

Längen: Meter und Zentimeter

So verändern sich beim Umwandeln die Stellen:

→ Beispiel:

0,80 m = 80 cm (· 100)

80 cm = 0,80 m (: 100)

Längen: Meter und Zentimeter

3 m = 300 cm	90 cm = 0,90 m
2,10 m = 210 cm	150 cm = 1,50 m
0,50 m = 50 cm	35 cm = 0,35 m
0,15 m = 15 cm	242 cm = 2,42 m

Längen: Strecken messen

Miss den Umfang des Hauses mit deinem Lineal.

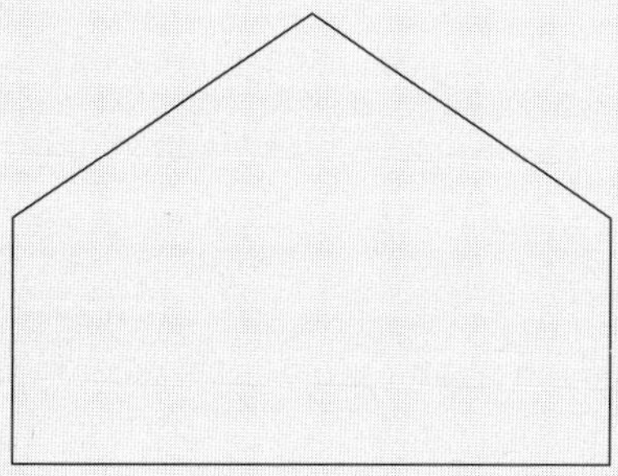

Längen: Strecken messen

1

Miss die markierten Strecken und addiere sie.

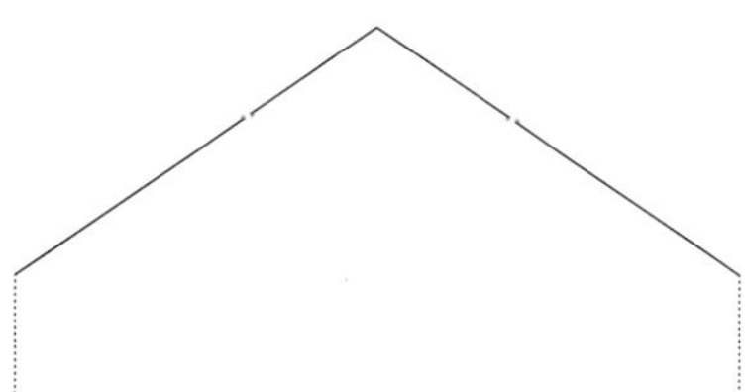

______ · 1 = ______

______ · 2 = ______

______ · 2 = ______

______ + ______ + ______ = ______

2 Längen: Strecken messen

Lege dein Lineal bei 0 an und miss dann die einzelnen Strecken.

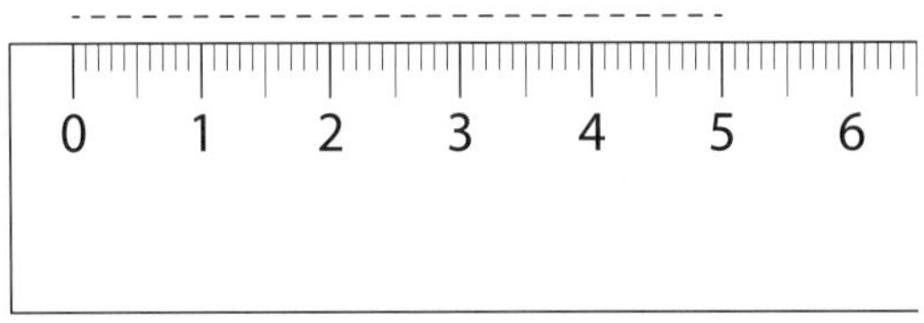

3 Längen: Strecken messen

- = ______ cm

.... = ______ cm

.... = ______ cm

______________________ = ______ cm

______________________ = ______ cm

- - - - cm + ... cm + ... cm + ______ cm + ______ cm = __________ cm

Längen: Strecken messen

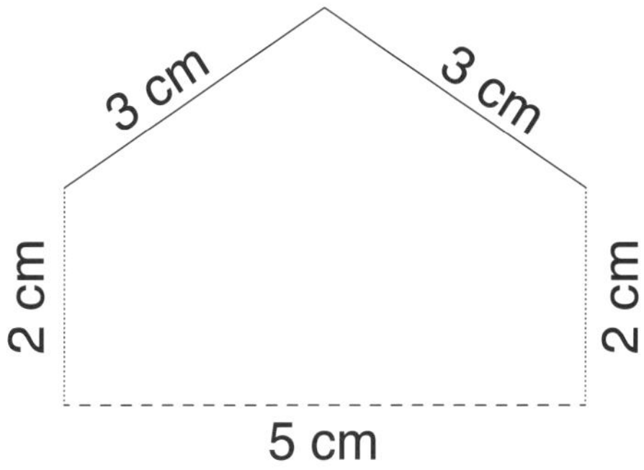

5 cm + 2 cm + 2 cm + 3 cm + 3 cm = 14 cm

Geld: So wenige Scheine und Münzen wie möglich

Bezahle die folgenden Beträge mit möglichst wenigen Scheinen oder Münzen.

a) 6 €

b) 12 €

c) 28 €

d) 49 €

e) 96 €

1 Geld: So wenige Scheine und Münzen wie möglich

Diese Scheine und Münzen stehen dir zur Verfügung:

2 Geld: So wenige Scheine und Münzen wie möglich

Wähle immer die größtmöglichen Scheine oder die größtmöglichen Münzen für jeden Betrag.

3 Geld: So wenige Scheine und Münzen wie möglich

Hier sind die Scheine und Münzen der Größe nach geordnet:

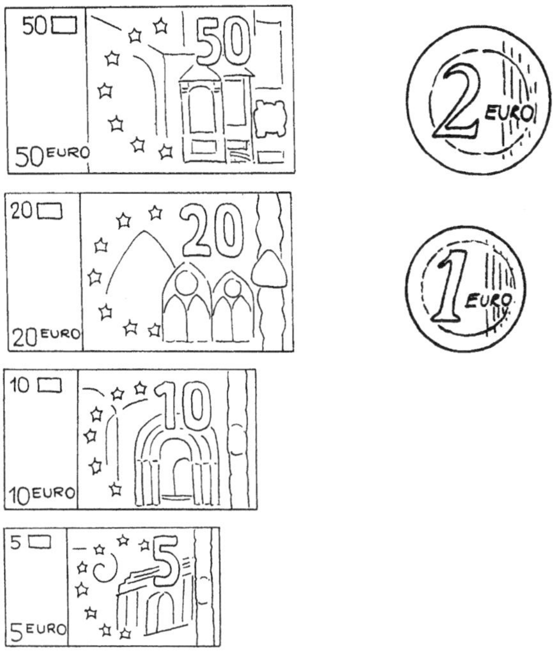

4 Geld: So wenige Scheine und Münzen wie möglich

Gehe schrittweise vor.

→ Beispiel: 6 €

Diese Scheine sind zu groß.

Der 5-Euro-Schein ist der größtmögliche Schein.
Es bleibt noch 1 € übrig.

Diese Münze ist zu groß.

Die 1-Euro-Münze ist die größtmögliche Münze.

→ 6 € 

Geld: So wenige Scheine und Münzen wie möglich

a) 6 €

b) 12 €

c) 28 €

d) 49 €

e) 96 €

Geld: Rückgeld berechnen

Berechne das Rückgeld. Du bezahlst mit einem 10-Euro-Schein.

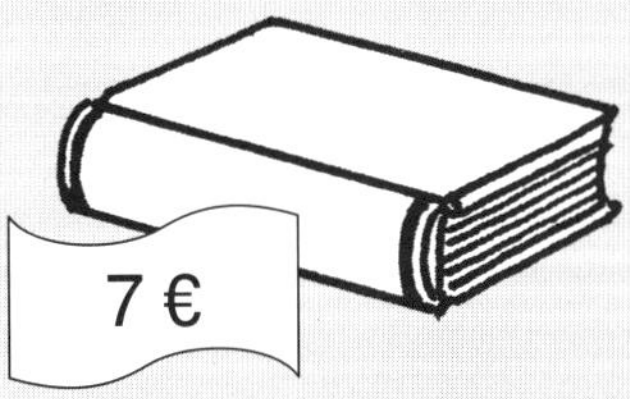

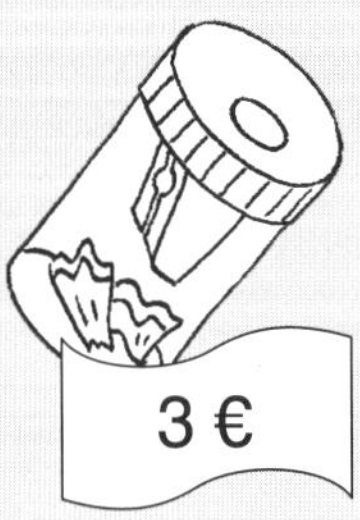

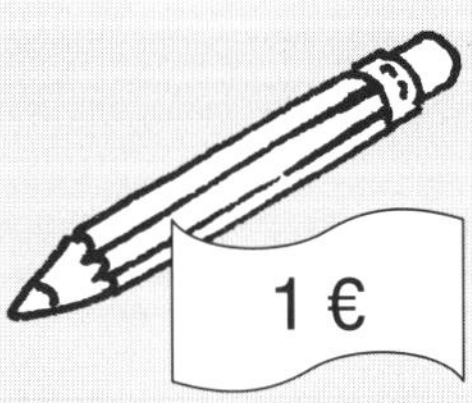

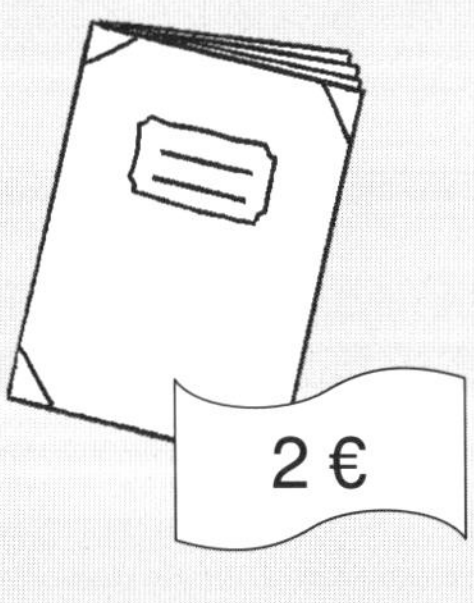

Geld: Rückgeld berechnen

1

Beachte die Abkürzungen:

1 Euro = 1 €

1 Cent = 1 ct

Geld: Rückgeld berechnen

2

Du kannst die Aufgabe auf 2 Arten lösen.

→ Beispiel:

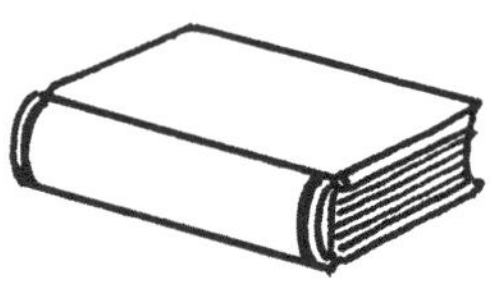

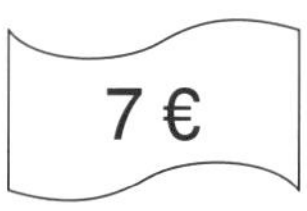

7 € + <u>3 €</u> = 10 €

oder

10 € – 7 € = <u>3 €</u>

Geld: Rückgeld berechnen

Beachte, dass 100 ct genauso viel sind wie 1 €:

100 ct = 1 €

→ 50 ct + 50 ct = 100 ct

50 ct + 50 ct = 1 €

Geld: Rückgeld berechnen

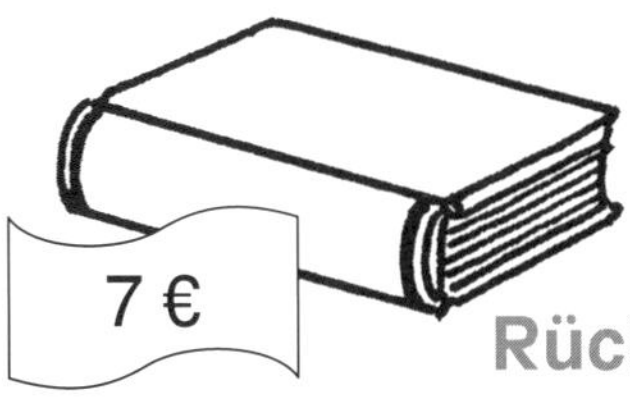

Rückgeld: 3 €

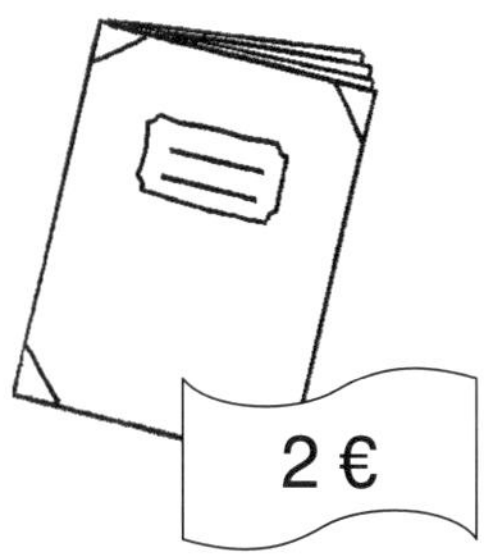

Rückgeld: 8 €

Rückgeld: 7 €

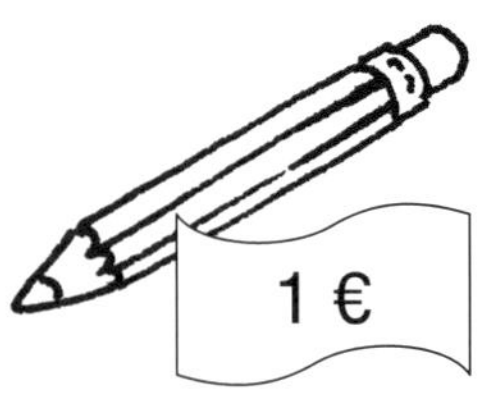

Rückgeld: 9 €

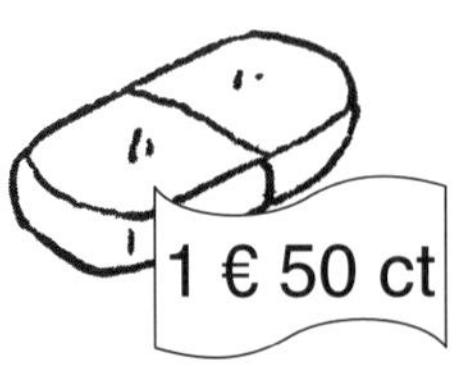

Rückgeld: 8,50 €

Längen: Der Grösse nach ordnen

Tim, Eva, Lisa und Mike wollen herausfinden, wer größer ist.
Dazu hat jedes Kind seine Körpergröße aufgeschrieben.

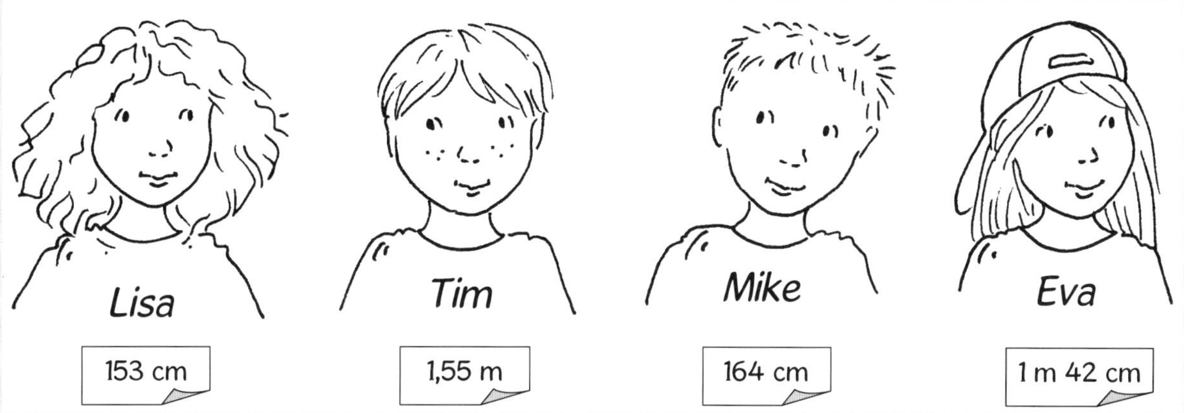

Ordne die Kinder der Größe nach. Beginne beim kleinsten Kind.
Verwende das Kleiner-als-Zeichen (<).

Welches Kind ist am größten?

1 Längen: Der Grösse nach ordnen

Rechne die Längen um, sodass jede Größe dieselbe Einheit hat.

Zum Beispiel so:

Lisa = __________ cm

Tim = __________ cm

Mike = __________ cm

Eva = __________ cm

2 LÄNGEN: DER GRÖSSE NACH ORDNEN

Bedenke:

1 m = 100 cm

→ Beispiel:

1 m 42 cm = 100 cm + 42 cm = 142 cm

LÄNGEN: DER GRÖSSE NACH ORDNEN

142 cm < 153 cm < 155 cm < 164 cm

Mike ist am größten.

Längen: Strecken schwimmen

Die 2. Klasse veranstaltet einen Schwimmwettkampf.
Beim Streckenschwimmen hat die 1. Gruppe folgendermaßen abgeschnitten:

Ben	25 m
Phil	100 m
Manuel	50 m
Anna	75 m
Susi	125 m
Emely	175 m
Tom	200 m

Eine Bahn hat 25 Meter.

Wie viele Bahnen sind die einzelnen Schüler geschwommen?

1 Längen: Strecken schwimmen

In das Becken kannst du einzeichnen, wie viele Bahnen die einzelnen Schüler geschwommen sind.

25 m

Längen: Strecken schwimmen

Beim Rechnen kannst du so vorgehen:

1 Bahn = 25 m
2 Bahnen = 25 m + 25 m = 50 m
3 Bahnen = 25 m + 25 m + 25 m = 75 m
…

Längen: Strecken schwimmen

Name	Strecken	Bahnen
Ben	25 m	1
Phil	100 m	4
Manuel	50 m	2
Anna	75 m	3
Susi	125 m	5
Emely	175 m	7
Tom	200 m	8

Geld: Eintritt ins Schwimmbad

Der Eintritt ins Schwimmbad kostet 2 € 50 ct für Kinder und 3 € 50 ct für Erwachsene.
Eine Familie mit 3 Kindern und 2 Erwachsenen möchte ins Schwimmbad gehen.
Sie zahlen mit einem 10-Euro-Schein und einem 5-Euro-Schein.

Wie viel Geld bekommt die Familie an der Kasse zurück?

1 Geld: Eintritt ins Schwimmbad

Rechne schrittweise.

1. Rechne zunächst den Betrag für 3 Kinder aus.
2. Rechne anschließend den Betrag für 2 Erwachsene aus.
3. Addiere dann die Ergebnisse.
4. Rechne aus, wie viel Geld die Familie dem Kassierer gegeben hat.
5. Ziehe davon das Ergebnis vom 3. Schritt ab.

2 **Geld: Eintritt ins Schwimmbad**

Rechne schrittweise.

1. Kinder: 2 € 50 ct + 2 € 50 ct + 2 € 50 ct =  ________
2. Erwachsene: 3 € 50 ct + 3 € 50 ct =  ________
3.  ________ +  ________ =  ________
4. 10 € + 5 € = 15 €
5. 15 € –  ________ = ________

3 **Geld: Eintritt ins Schwimmbad**

4

GELD: EINTRITT INS SCHWIMMBAD

Wie viel Geld bekommt die Familie nun an der Kasse zurück?

Ziehe ab oder ergänze.

15 € – 14 € 50 ct = ________

oder

14 € 50 ct + ________ = 15 €

GELD: EINTRITT INS SCHWIMMBAD

Die Familie bekommt 50 ct zurück.

Die Hundertertafel

Vervollständige den Ausschnitt aus der Hundertertafel.

73		

Die Hundertertafel

Hier ist der Ausschnitt in eine Hundertertafel eingefügt:

1	2	3							
11									
21									
		73							

2 Die Hundertertafel

So gehst du auf der Hundertertafel vor:

- 1 Feld nach rechts bedeutet + 1.
- 1 Feld nach links bedeutet – 1.
- 1 Feld nach unten bedeutet + 10.
- 1 Feld nach oben bedeutet – 10.

+ 1

+ 10

1	2	3							
11									
21									
		73							

3 Die Hundertertafel

Hier sind die Felder der Hundertertafel ausgefüllt, die den Ausschnitt umgeben:

+ 1

+ 10

1	2	3							
11									
21									
	52	53	54	55	56				
	62		64		66				
	72	73			76				
	82				86				
	92	93	94	95	96				

Die Hundertertafel

63		65
73	74	75
83	84	85

Zahlenstrahl beschriften

Verbinde die Zahlen mit dem Zahlenstrahl.

3 10 27 35 42 60 66 78 95 100

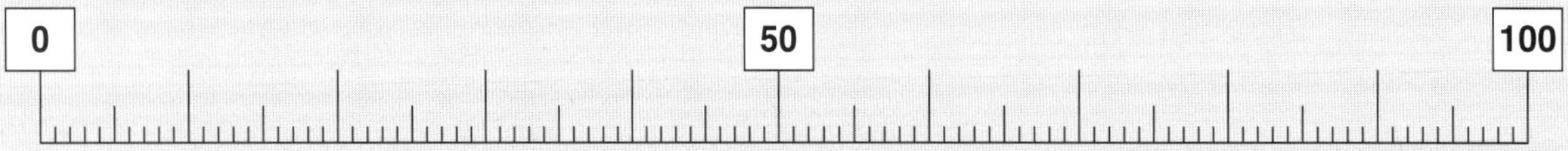

1 Zahlenstrahl beschriften

Trage zuerst die gesuchten Zehnerzahlen ein. Gehe von der 0 in Zehnerschritten den Zahlenstrahl entlang.

3	10	27	35	42	60	66	78	95	100

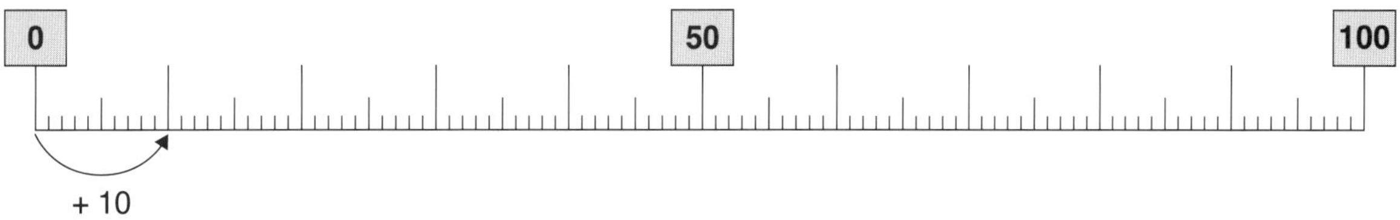

2 Zahlenstrahl beschriften

Gehe von der nächstkleineren Zehnerzahl in Einerschritten zur gesuchten Zahl.

→ Beispiel:

3	10	27	35	42	60	66	78	95	100

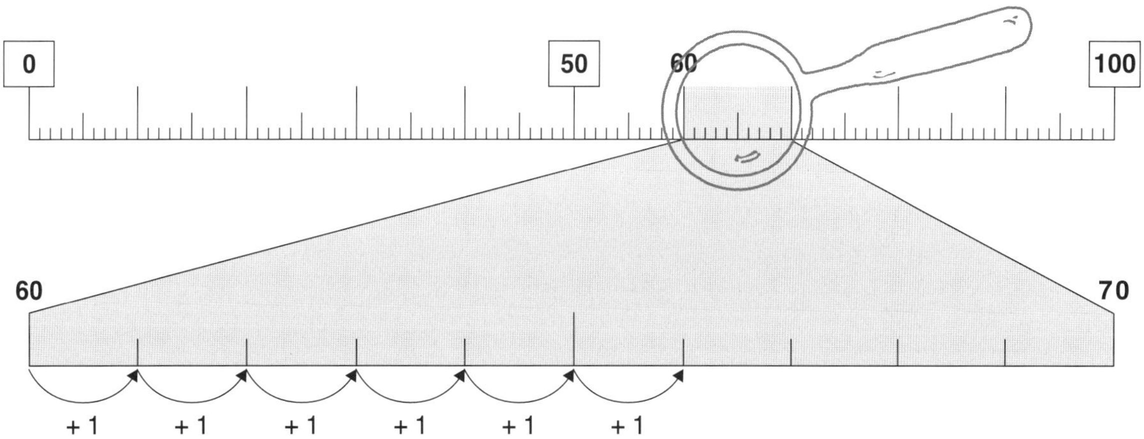

Zahlenstrahl beschriften

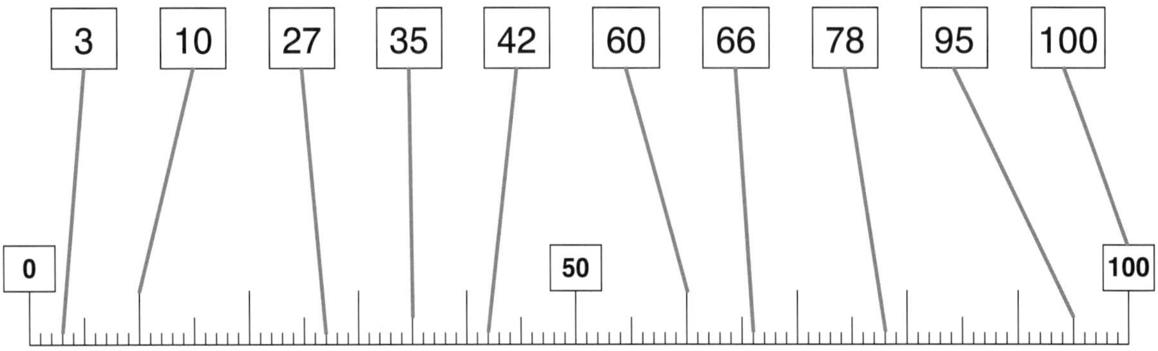

Geheimsprache

Wie heißen diese Zahlen?

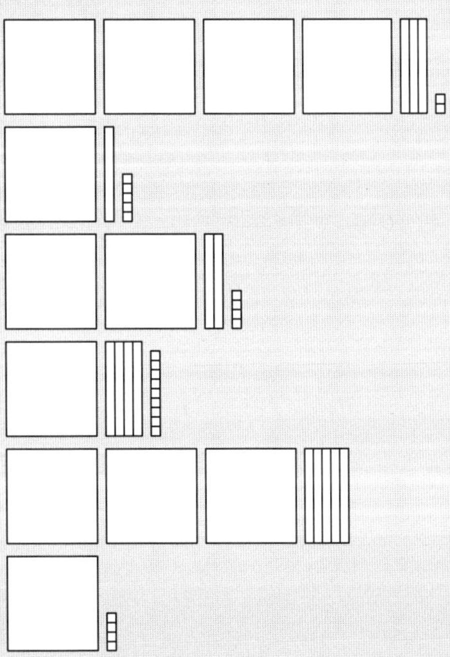

a) ____________________

b) ____________________

c) ____________________

d) ____________________

e) ____________________

f) ____________________

1 Geheimsprache

 = 1 Hunderter = 100

 = 1 Zehner = 10

 = 1 Einer = 1

2 Geheimsprache

Wenn bei einer Aufgabe das Symbol einer Einheit fehlt, gibt es davon 0.

→ Beispiel:

Hier gibt es keine Einerwürfel. Deshalb ist die Einerstelle 0.

Geheimsprache

a) 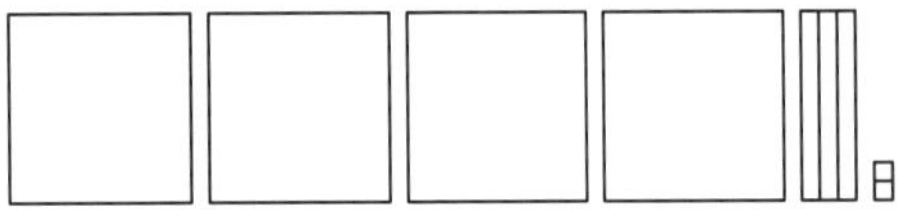 432

b) 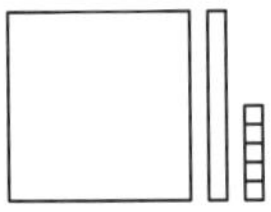 115

c)  224

d) 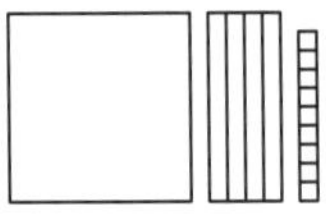 149

e) 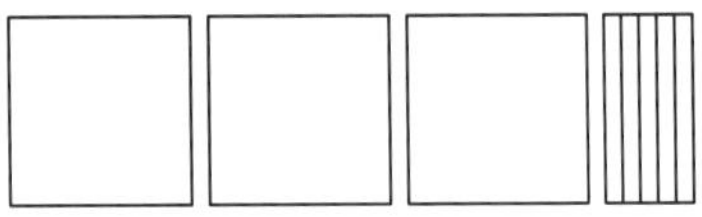 350

f) 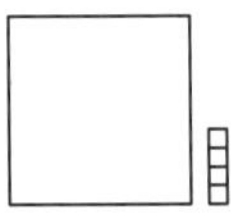 104

Vorgänger und Nachfolger

Finde Vorgänger und Nachfolger.

	Vorgänger	Zahl	Nachfolger
a)		28	
b)		57	
c)		12	
d)		9	
e)		20	
f)		96	

1 Vorgänger und Nachfolger

Um den Vorgänger zu finden, rechne – 1.

Um den Nachfolger zu finden, rechne + 1.

2 Vorgänger und Nachfolger

Verwende einen Zahlenstrahl.

→ Beispiel: 28

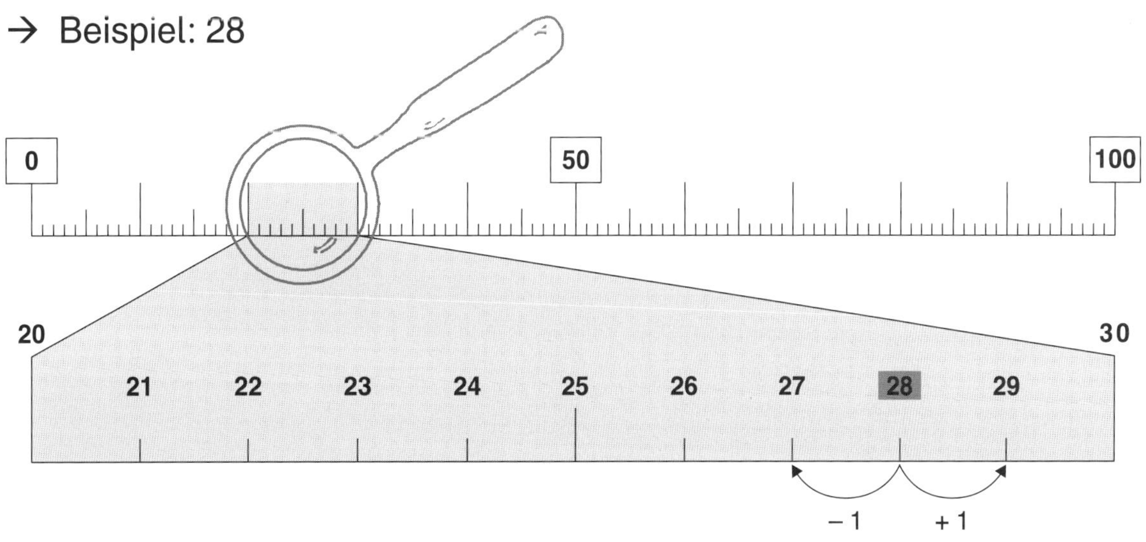

Welche Zahl steht jeweils links (Vorgänger) und rechts (Nachfolger) neben der Zahl?

Vorgänger und Nachfolger

	Vorgänger	Zahl	Nachfolger
a)	27	28	29
b)	56	57	58
c)	11	12	13
d)	8	9	10
e)	19	20	21
f)	95	96	97

Nachbarzehner

Finde die Nachbarzehner.

a)		77	
b)		57	
c)		14	
d)		49	
e)		26	
f)		61	

1 Nachbarzehner

Ergänze die Zehnerzahlen am Zahlenstrahl.

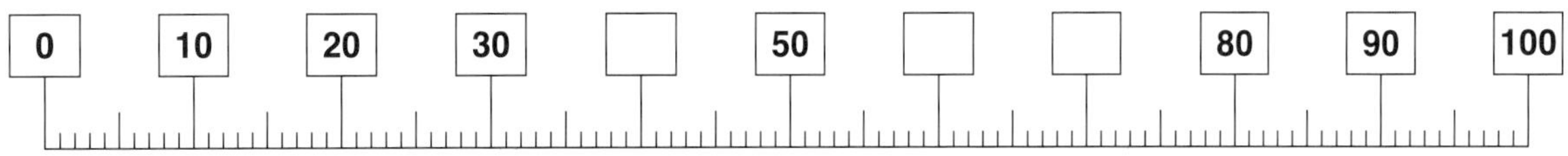

Zwischen welchen Zehnerzahlen liegt deine Zahl?

2 Nachbarzehner

Markiere deine Zahl am Zahlenstrahl.
Welche Zehnerzahl steht jeweils links und rechts neben der Zahl?

→ Beispiel: 77

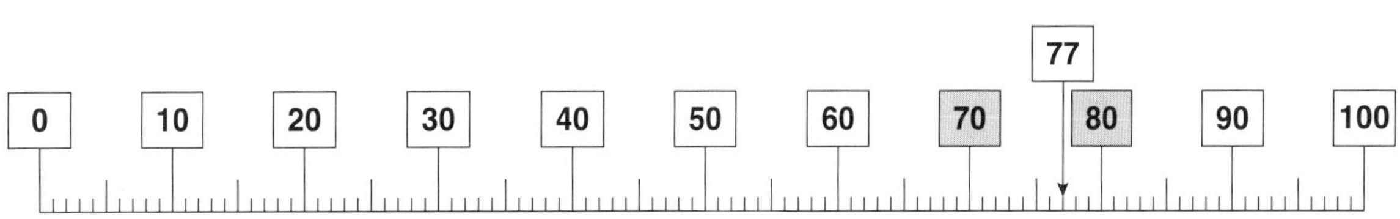

Nachbarzehner

a)	70	77	80
b)	50	57	60
c)	10	14	20
d)	40	49	50
e)	20	26	30
f)	60	61	70

Zahlenreihen

Setze die Zahlenreihen fort.

a) 10, 20, 30, ______, ______, ______, ______, ______

b) 5, 10, 15, 20, 25, ______, ______, ______, ______, ______

c) 12, 14, 16, 18, 20, ______, ______, ______, ______, ______

d) 3, 6, 9, 12, ______, ______, ______, ______, ______

e) 75, 70, 65, 60, ______, ______, ______, ______, ______

f) 66, 63, 60, 57, ______, ______, ______, ______, ______

1 Zahlenreihen

Achte auf die markierten Stellenwerte.

a) 10, 20, 30, ______, ______, ______, ______, ______

b) 5, 10, 15, 20, 25, ______, ______, ______, ______, ______

c) 12, 14, 16, 18, 20, ______, ______, ______, ______, ______

d) 3, 6, 9, 12, ______, ______, ______, ______, ______

e) 75, 70, 65, 60, ______, ______, ______, ______, ______

f) 66, 63, 60, 57, ______, ______, ______, ______, ______

2 Zahlenreihen

Der Zahlenstrahl kann dir helfen, die nächste Zahl zu finden.

→ Beispiel:

10, 20, 30, …

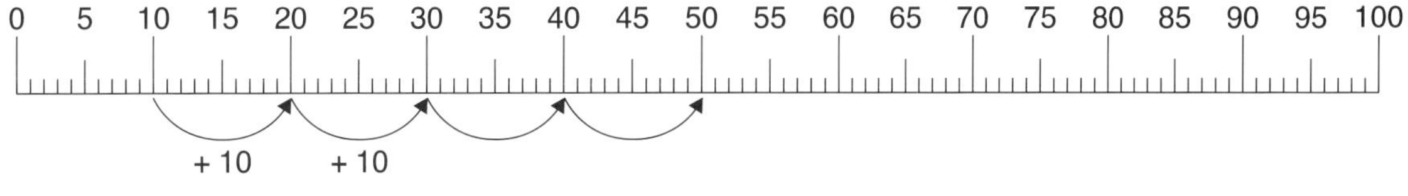

3 Zahlenreihen

So gehst du vor:

a) + 10

b) + 5

c) + 2

d) + 3

e) – 5

f) – 3

Zahlenreihen

a) 10, 20, 30, 40, 50, 60, 70, 80

b) 5, 10, 15, 20, 25, 30, 35, 40, 45, 50

c) 12, 14, 16, 18, 20, 22, 24, 26, 28, 30

d) 3, 6, 9, 12, 15, 18, 21, 24, 27

e) 75, 70, 65, 60, 55, 50, 45, 40, 35

f) 66, 63, 60, 57, 54, 51, 48, 45, 42

Addition mit einstelligen Zahlen ohne Zehnerübergang

Rechne aus.

a) 32 + 5 = _____

b) 71 + 4 = _____

c) 17 + 2 = _____

d) 12 + 4 = _____

e) 40 + 9 = _____

f) 52 + 7 = _____

g) 21 + 6 = _____

h) 65 + 4 = _____

1 Addition mit einstelligen Zahlen ohne Zehnerübergang

Verwende die Hundertertafel.

→ Beispiel: 32 + 5 = _____

1	2	3	4	5	6	7	8	9	10
11	12	13	14	15	16	17	18	19	20
21	22	23	24	25	26	27	28	29	30
31	32	33	34	35	36	37	38	39	40
41	42	43	44	45	46	47	48	19	50
51	52	53	54	55	56	57	58	59	60
61	62	63	64	65	66	67	68	69	70
71	72	73	74	75	76	77	78	79	80
81	82	83	84	85	86	87	88	89	90
91	92	93	94	95	96	97	98	99	100

2 Addition mit einstelligen Zahlen ohne Zehnerübergang

Verwende den Zahlenstrahl.

→ Beispiel: 32 + 5 = _____

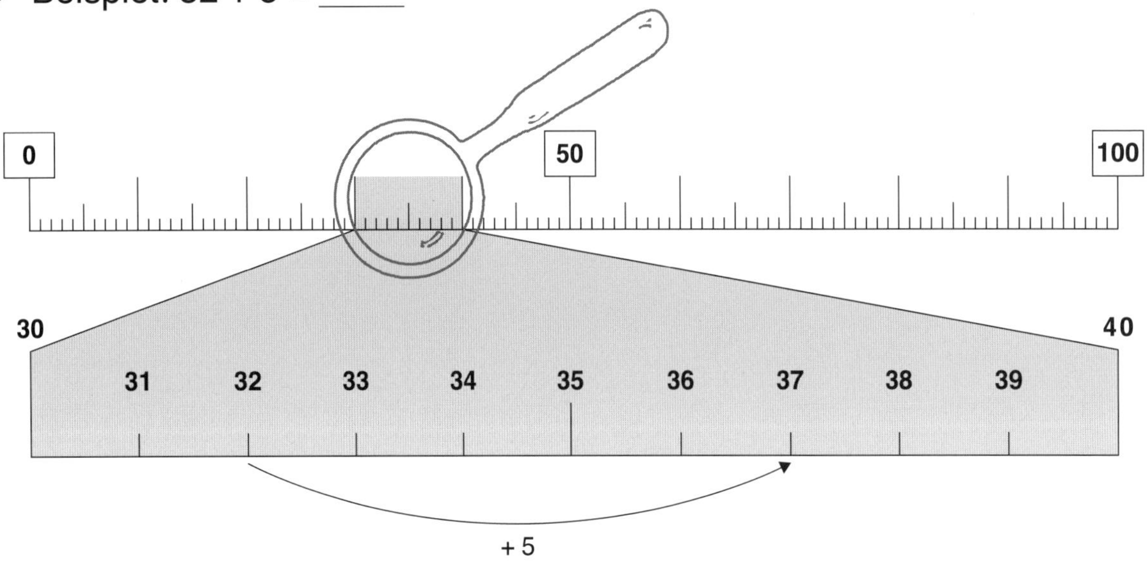

3 Addition mit einstelligen Zahlen ohne Zehnerübergang

Lege die Rechnungen mit Zehnerstangen und Einerwürfeln.

→ Beispiel: 32 + 5 = _____

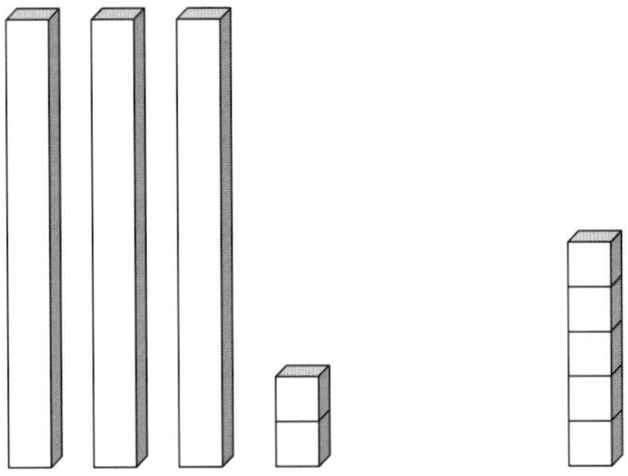

Addition mit einstelligen Zahlen ohne Zehnerübergang

a) 32 + 5 = 37

b) 71 + 4 = 75

c) 17 + 2 = 19

d) 12 + 4 = 16

e) 40 + 9 = 49

f) 52 + 7 = 59

g) 21 + 6 = 27

h) 65 + 4 = 69

Addition mit einstelligen Zahlen mit Zehnerübergang

Rechne aus.

a) 15 + 7 = _____

b) 56 + 6 = _____

c) 93 + 8 = _____

d) 89 + 7 = _____

e) 72 + 9 = _____

f) 87 + 5 = _____

g) 37 + 5 = _____

h) 28 + 4 = _____

1 Addition mit einstelligen Zahlen mit Zehnerübergang

Rechne schrittweise.

1. Ergänze bis zum nächsten Zehner.
2. Addiere anschließend die restlichen Einer.

→ Beispiel: 15 + 7 = ____

1. 15 + <u>5</u> = 20
2. 20 + <u>2</u> = 22

2 Addition mit einstelligen Zahlen mit Zehnerübergang

Verwende das Hunderterfeld.

→ Beispiel: 15 + 7 = ____

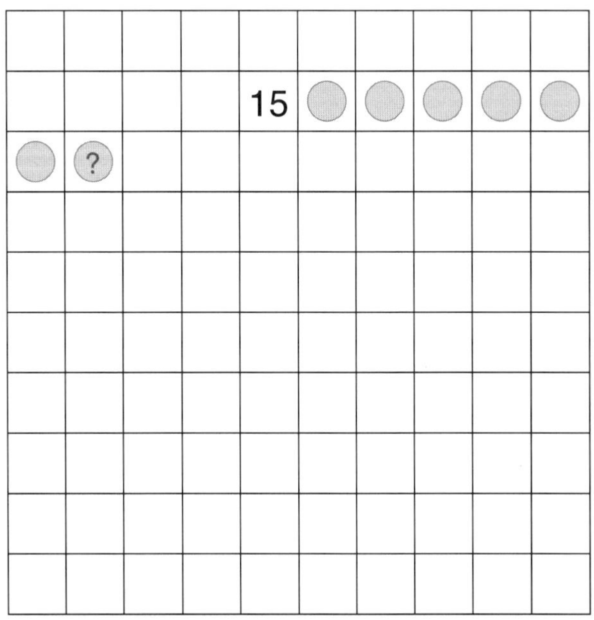

3 Addition mit einstelligen Zahlen mit Zehnerübergang

Verwende den Zahlenstrahl.

→ Beispiel: 15 + 7 = ______

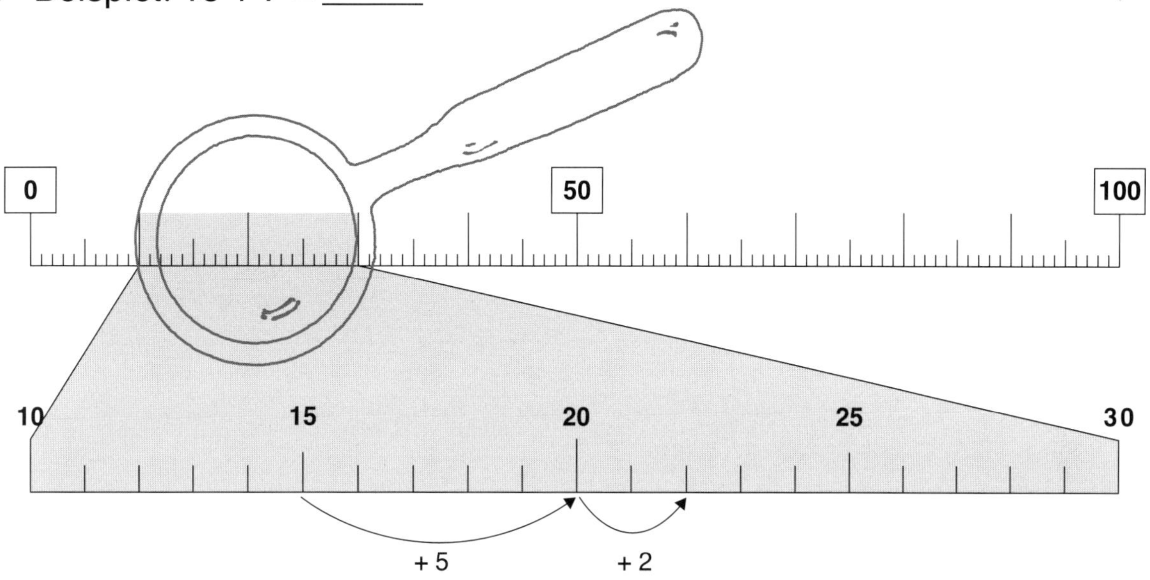

Addition mit einstelligen Zahlen mit Zehnerübergang

a) 15 + 7 = 22

b) 56 + 6 = 62

c) 93 + 8 = 101

d) 89 + 7 = 96

e) 72 + 9 = 81

f) 87 + 5 = 92

g) 37 + 5 = 42

h) 28 + 4 = 32

Addition mit Zehnerzahlen

Rechne aus.

a) 30 + 20 = _____

b) 21 + 30 = _____

c) 72 + 20 = _____

d) 39 + 60 = _____

e) 53 + 30 = _____

f) 66 + 10 = _____

g) 11 + 50 = _____

h) 58 + 10 = _____

1 Addition mit Zehnerzahlen

Verwende das Hunderterfeld.

→ Beispiel: 30 + 20 = _____

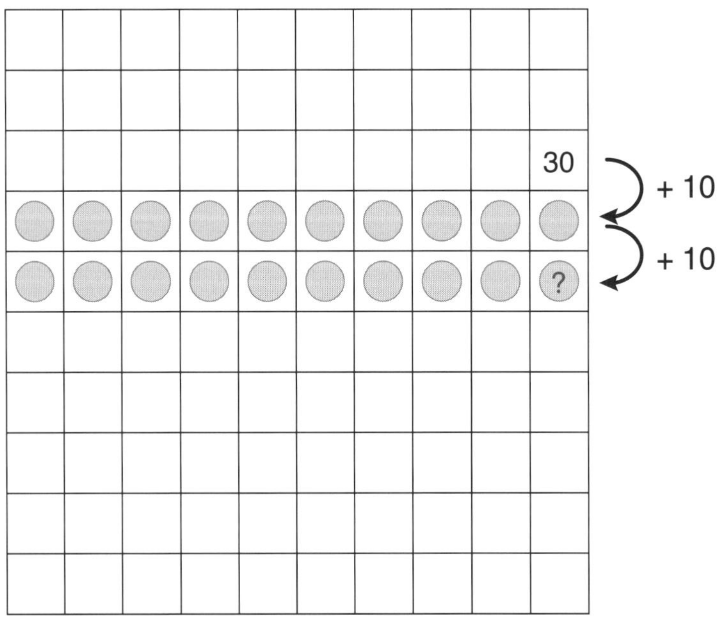

2 Addition mit Zehnerzahlen

Verwende den Zahlenstrahl.

→ Beispiel: 30 + 20 = ______

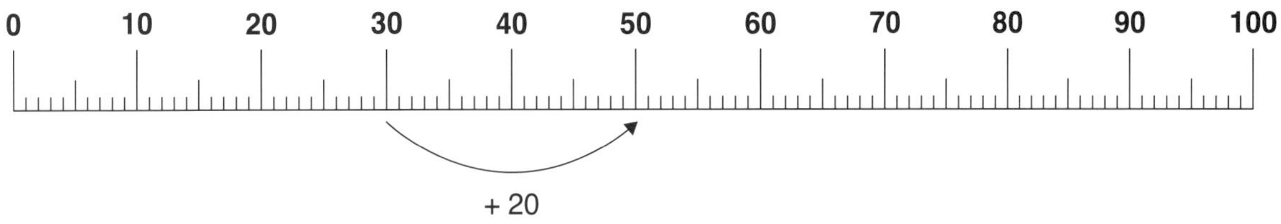

Addition mit Zehnerzahlen

a) 30 + 20 = 50

b) 21 + 30 = 51

c) 72 + 20 = 92

d) 39 + 60 = 99

e) 53 + 30 = 83

f) 66 + 10 = 76

g) 11 + 50 = 61

h) 58 + 10 = 68

Addition mit zweistelligen Zahlen ohne Zehnerübergang

Rechne aus.

a) 35 + 12 = _____

b) 52 + 37 = _____

c) 25 + 24 = _____

d) 41 + 25 = _____

e) 27 + 21 = _____

f) 50 + 31 = _____

g) 36 + 13 = _____

h) 67 + 12 = _____

1 Addition mit zweistelligen Zahlen ohne Zehnerübergang

Rechne schrittweise.

1. Addiere zuerst die Zehner.
2. Addiere dann die Einer.

→ Beispiel: 35 + 12 = 

1. 35 + 10 = 

2.  + 2 = 

2 Addition mit zweistelligen Zahlen ohne Zehnerübergang

Das folgende Dreieck kann dir helfen.

→ Beispiel: 35 + 12 = ______

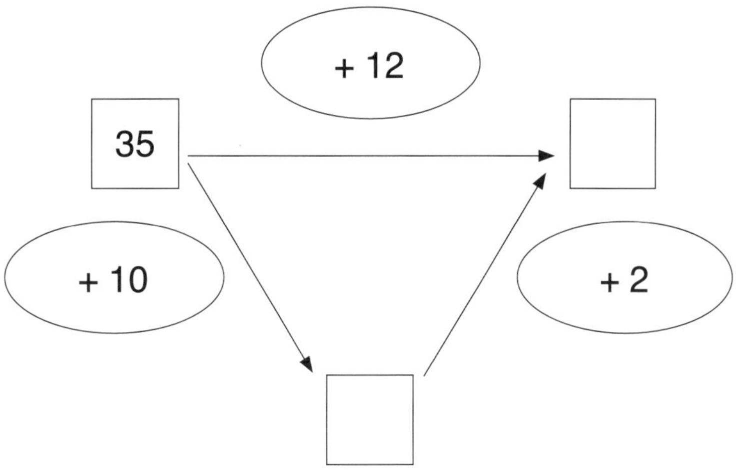

3 Addition mit zweistelligen Zahlen ohne Zehnerübergang

Verwende das Hunderterfeld.

→ Beispiel: 35 + 12 = _____

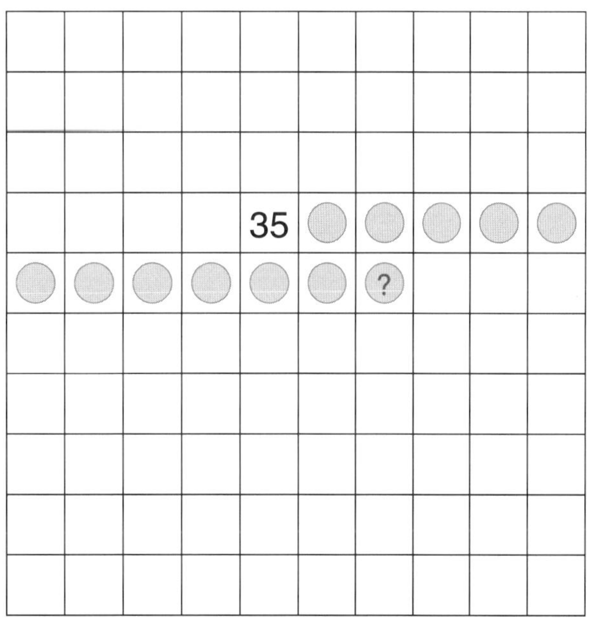

4 ADDITION MIT ZWEISTELLIGEN ZAHLEN OHNE ZEHNERÜBERGANG

Verwende den Zahlenstrahl.

→ Beispiel: 35 + 12 = _____

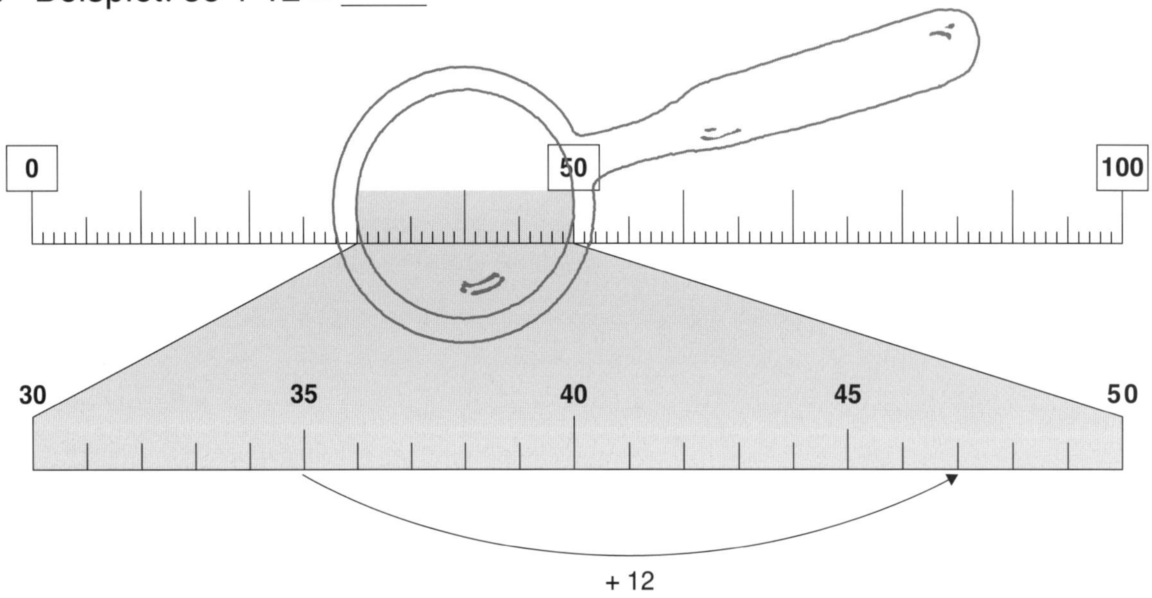

ADDITION MIT ZWEISTELLIGEN ZAHLEN OHNE ZEHNERÜBERGANG

a) 35 + 12 = 47

b) 52 + 37 = 89

c) 25 + 24 = 49

d) 41 + 25 = 66

e) 27 + 21 = 48

f) 50 + 31 = 81

g) 36 + 13 = 49

h) 67 + 12 = 79

ADDITION MIT ZWEISTELLIGEN ZAHLEN MIT ZEHNERÜBERGANG

Rechne aus.

a) 33 + 28 = _____

b) 47 + 16 = _____

c) 78 + 25 = _____

d) 66 + 16 = _____

e) 26 + 25 = _____

f) 79 + 13 = _____

g) 71 + 19 = _____

h) 89 + 9 = _____

1 ADDITION MIT ZWEISTELLIGEN ZAHLEN MIT ZEHNERÜBERGANG

Rechne schrittweise.

1. Addiere zuerst die Zehner.
2. Addiere dann die Einer.

Das folgende Dreieck kann dir helfen.

→ Beispiel: 33 + 28 = _____

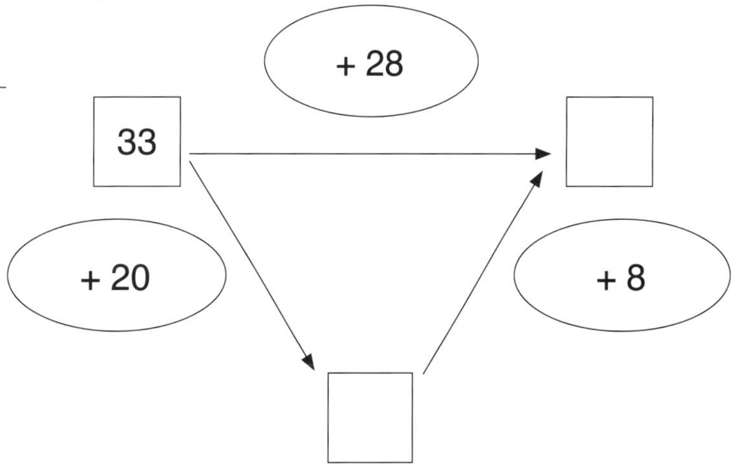

2 Addition mit zweistelligen Zahlen mit Zehnerübergang

Mache einen zusätzlichen Zwischenschritt.

1. Addiere zuerst die Zehner.
2. Ergänze dann so viele Einer, dass du zum nächsten vollen Zehner kommst.
3. Addiere anschließend die restlichen Einer.

→ Beispiel: 33 + 28 = _____

1. 33 + 20 = 53
2. 53 + 7 = 60
3. 60 + 1 = 61

3 Addition mit zweistelligen Zahlen mit Zehnerübergang

Verwende das Hunderterfeld.

→ Beispiel: 33 + 28 = _____

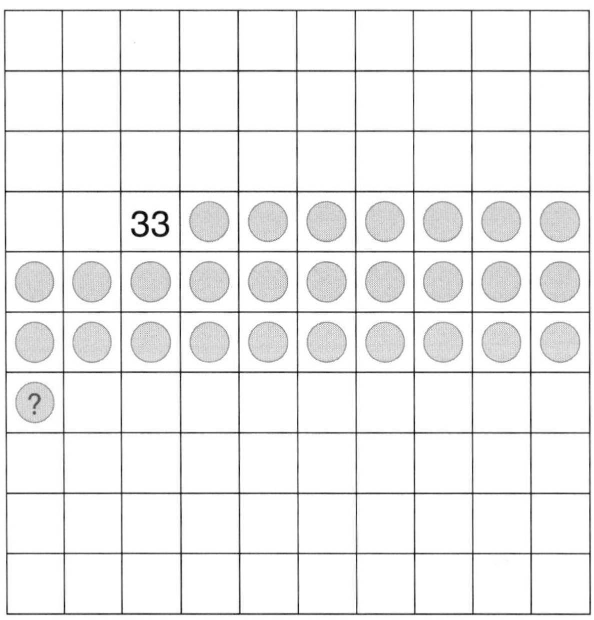

4 Addition mit zweistelligen Zahlen mit Zehnerübergang

Verwende den Zahlenstrahl.

→ Beispiel: 33 + 28 = _____

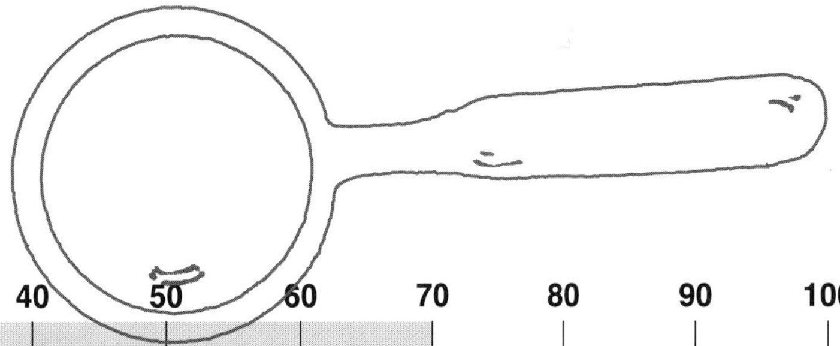

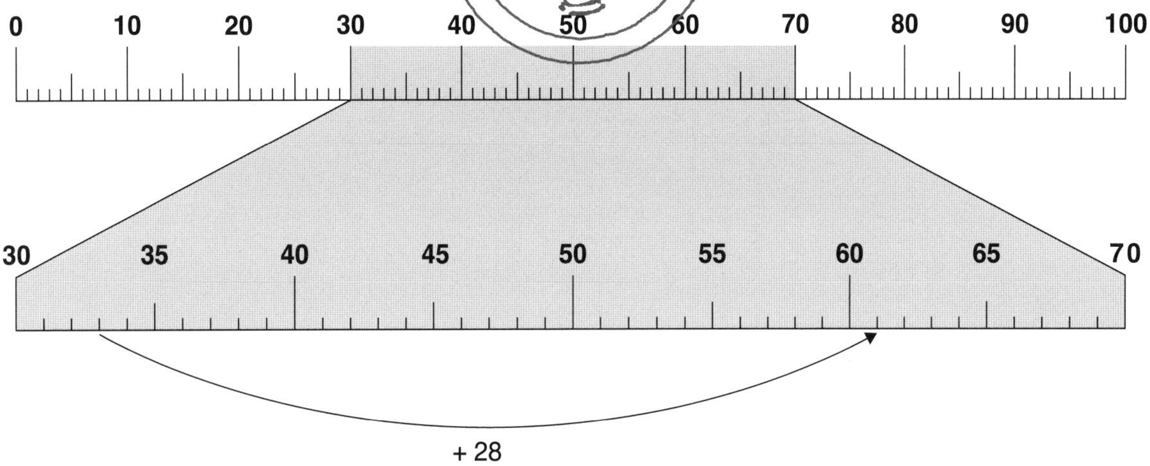

Addition mit zweistelligen Zahlen mit Zehnerübergang

a) 33 + 28 = 61

b) 47 + 16 = 63

c) 78 + 25 = 103

d) 66 + 16 = 82

e) 26 + 25 = 51

f) 79 + 13 = 92

g) 71 + 19 = 90

h) 89 + 9 = 98

Subtraktion mit einstelligen Zahlen ohne Zehnerübergang

Rechne aus.

a) 47 – 5 = _____

b) 63 – 2 = _____

c) 36 – 5 = _____

d) 18 – 4 = _____

e) 39 – 8 = _____

f) 49 – 7 = _____

g) 28 – 6 = _____

h) 65 – 3 = _____

1 Subtraktion mit einstelligen Zahlen ohne Zehnerübergang

Verwende die Hundertertafel.

→ Beispiel: 47 – 5 = _____

1	2	3	4	5	6	7	8	9	10
11	12	13	14	15	16	17	18	19	20
21	22	23	24	25	26	27	28	29	30
31	32	33	34	35	36	37	38	39	40
41	42	43	44	45	46	47	48	19	50
51	52	53	54	55	56	57	58	59	60
61	62	63	64	65	66	67	68	69	70
71	72	73	74	75	76	77	78	79	80
81	82	83	84	85	86	87	88	89	90
91	92	93	94	95	96	97	98	99	100

2 Subtraktion mit einstelligen Zahlen ohne Zehnerübergang

Verwende den Zahlenstrahl.

→ Beispiel: 47 – 5 = _____

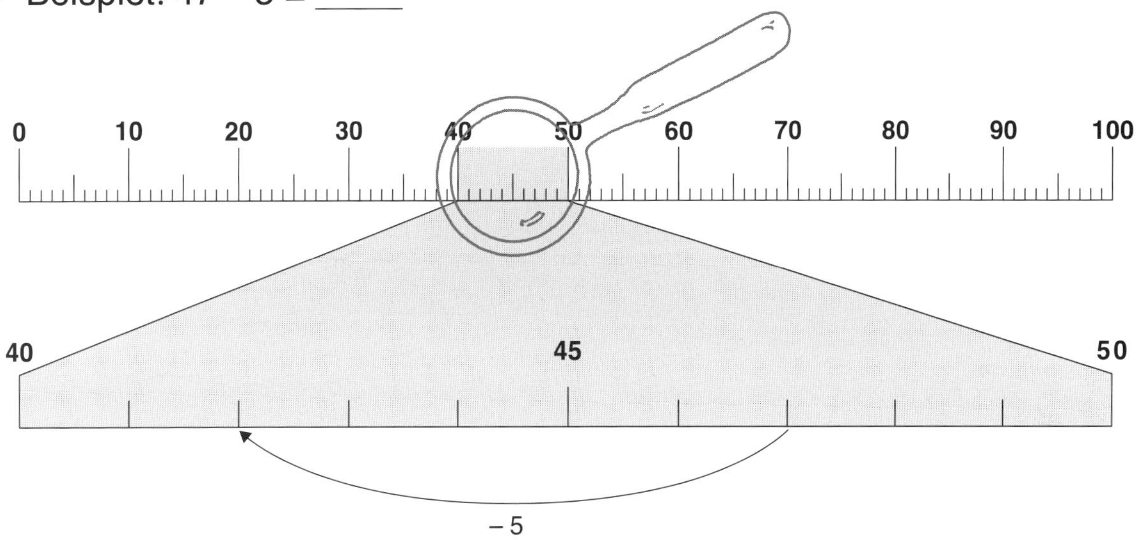

3 Subtraktion mit einstelligen Zahlen ohne Zehnerübergang

Lege mit Zehnerstangen und Einerwürfeln.

→ Beispiel: 47 – 5 = _____

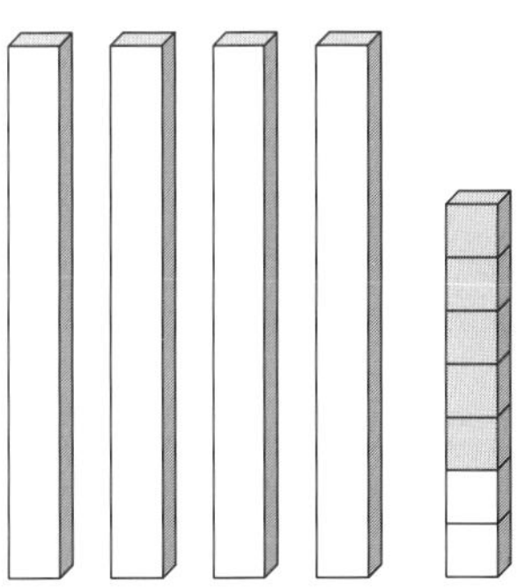

Subtraktion mit einstelligen Zahlen ohne Zehnerübergang

a) 47 – 5 = 42

b) 63 – 2 = 61

c) 36 – 5 = 31

d) 18 – 4 = 14

e) 39 – 8 = 31

f) 49 – 7 = 42

g) 28 – 6 = 22

h) 65 – 3 = 62

Subtraktion mit einstelligen Zahlen mit Zehnerübergang

Rechne aus.

a) 15 – 8 = _____

b) 54 – 9 = _____

c) 83 – 7 = _____

d) 87 – 8 = _____

e) 71 – 9 = _____

f) 84 – 5 = _____

g) 32 – 4 = _____

h) 26 – 7 = _____

1 Subtraktion mit einstelligen Zahlen mit Zehnerübergang

Rechne schrittweise.

1. Subtrahiere bis zum nächstkleineren Zehner.
2. Subtrahiere anschließend die restlichen Einer.

→ Beispiel: 15 – 8 = 

1. 15 –  = 10
2. 10 –  = 

2 Subtraktion mit einstelligen Zahlen mit Zehnerübergang

Verwende das Hunderterfeld.

→ Beispiel: 15 – 8 = _____

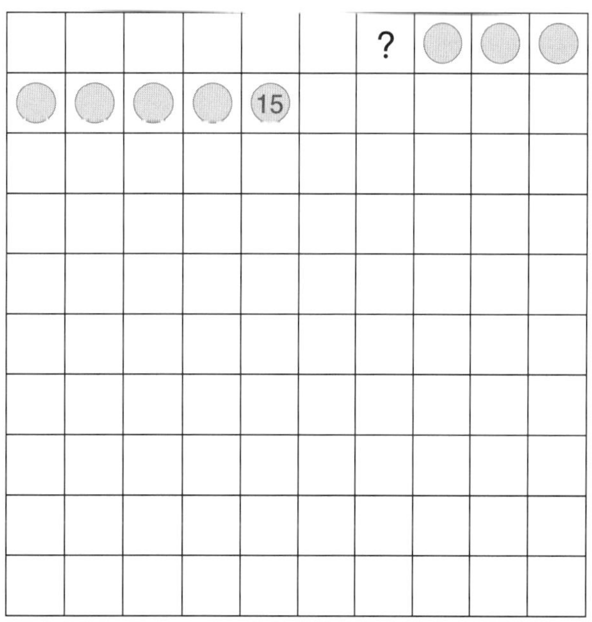

3 Subtraktion mit einstelligen Zahlen mit Zehnerübergang

Verwende den Zahlenstrahl.

→ Beispiel: 15 – 8 = _____

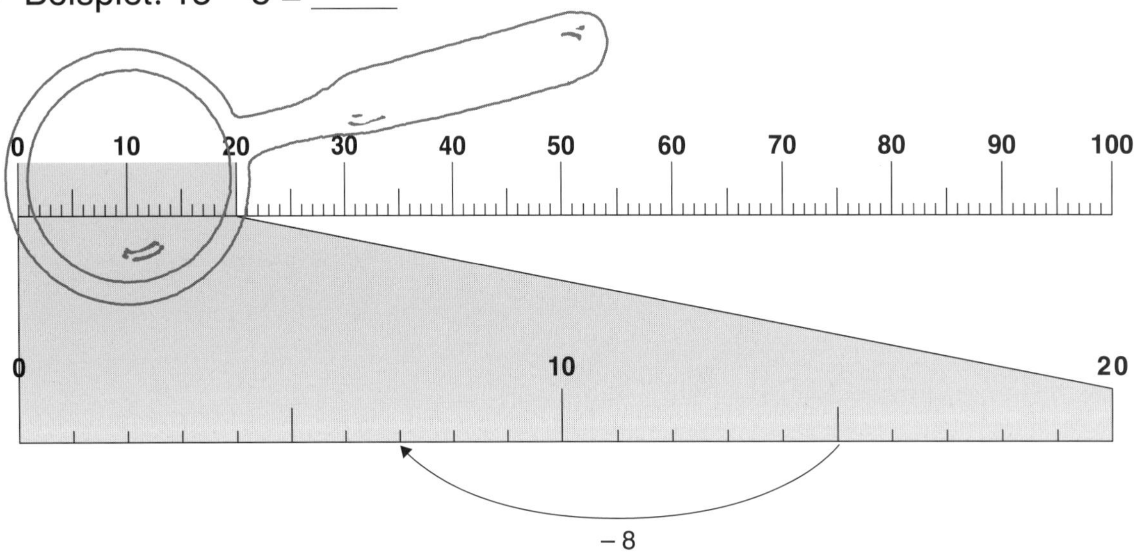

Subtraktion mit einstelligen Zahlen mit Zehnerübergang

a) 15 – 8 = 7

b) 54 – 9 = 45

c) 83 – 7 = 76

d) 87 – 8 = 79

e) 71 – 9 = 62

f) 84 – 5 = 79

g) 32 – 4 = 28

h) 26 – 7 = 19

Sarah Gemmer: Lerninhalte selbstständig erarbeiten Mathematik 2

Subtraktion mit Zehnerzahlen

Rechne aus.

a) 40 – 30 = _____

b) 32 – 30 = _____

c) 78 – 20 = _____

d) 68 – 50 = _____

e) 54 – 40 = _____

f) 65 – 10 = _____

g) 82 – 60 = _____

h) 58 – 50 = _____

1 Subtraktion mit Zehnerzahlen

Verwende das Hunderterfeld.

→ Beispiel: 40 – 30 = _____

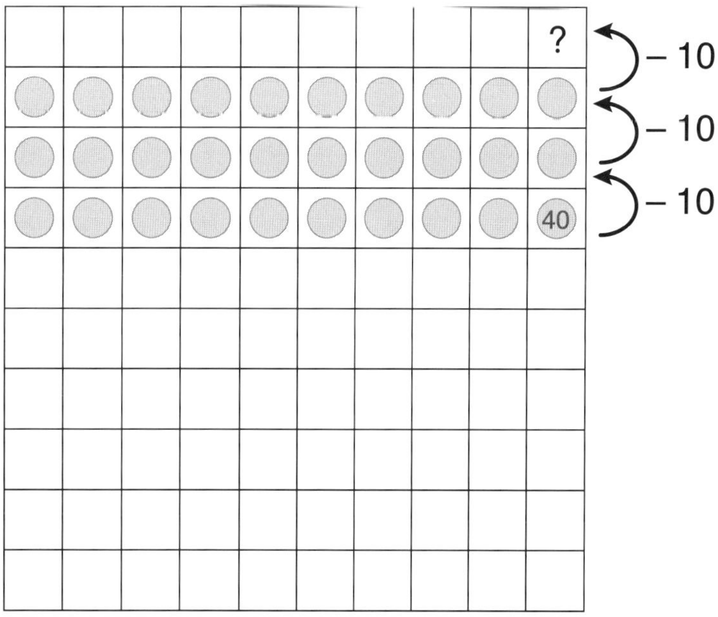

Subtraktion mit Zehnerzahlen

Verwende den Zahlenstrahl. → Beispiel: 40 – 30 =

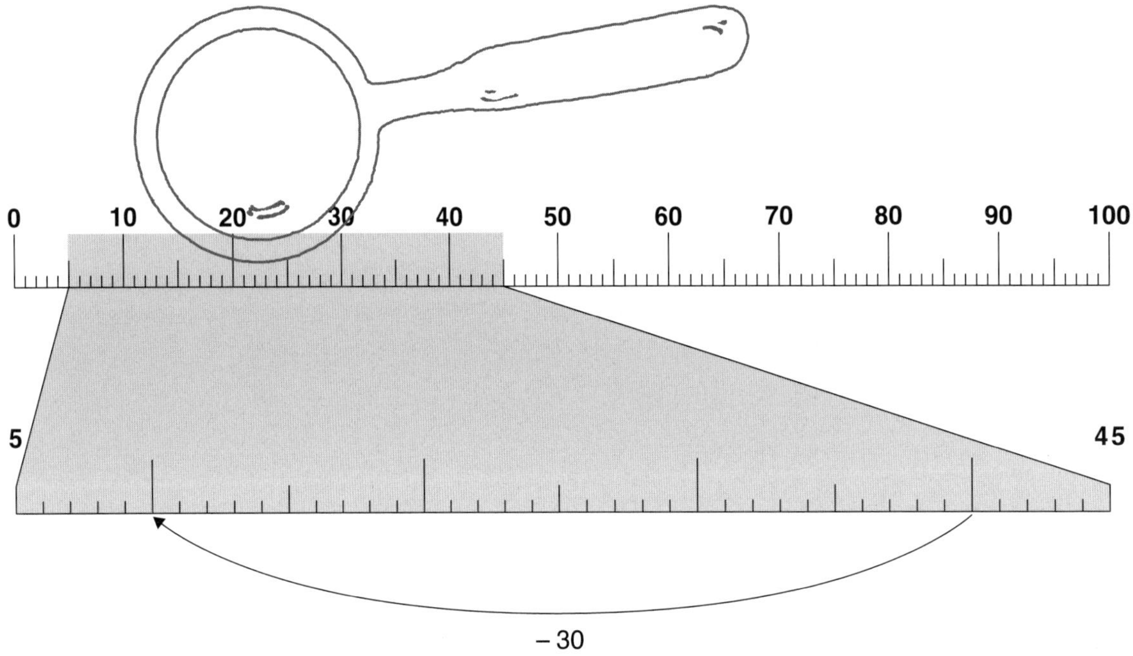

Subtraktion mit Zehnerzahlen

a) 40 – 30 = 10

b) 32 – 30 = 2

c) 78 – 20 = 58

d) 68 – 50 = 18

e) 54 – 40 = 14

f) 65 – 10 = 55

g) 82 – 60 = 22

h) 58 – 50 = 8

Subtraktion mit zweistelligen Zahlen ohne Zehnerübergang

Rechne aus.

a) 45 – 12 = _____

b) 57 – 35 = _____

c) 29 – 25 = _____

d) 67 – 27 = _____

e) 86 – 21 = _____

f) 58 – 31 = _____

g) 36 – 13 = _____

h) 67 – 22 = _____

Subtraktion mit zweistelligen Zahlen ohne Zehnerübergang

Rechne schrittweise.

1. Ziehe zuerst die Zehner ab.
2. Ziehe dann die Einer ab.

→ Beispiel: 45 – 12 = 

1. 45 – 10 = 

2.  – 2 = 

2 Subtraktion mit zweistelligen Zahlen ohne Zehnerübergang

Das folgende Dreieck kann dir helfen.

→ Beispiel: 45 – 12 = _____

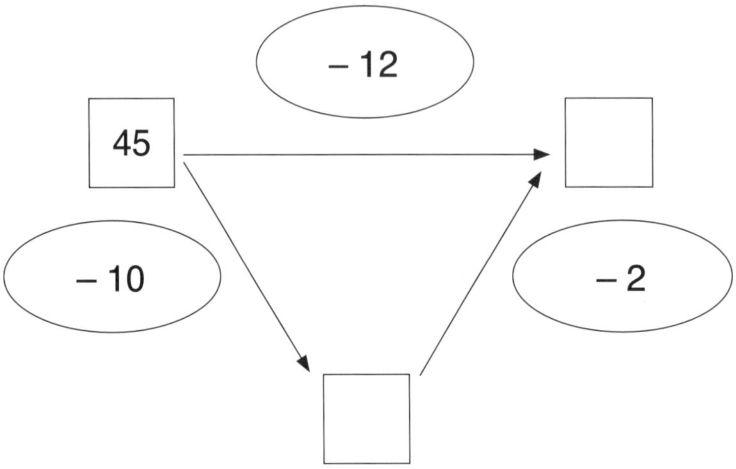

3 Subtraktion mit zweistelligen Zahlen ohne Zehnerübergang

Verwende das Hunderterfeld.

→ Beispiel: 45 – 12 = _____

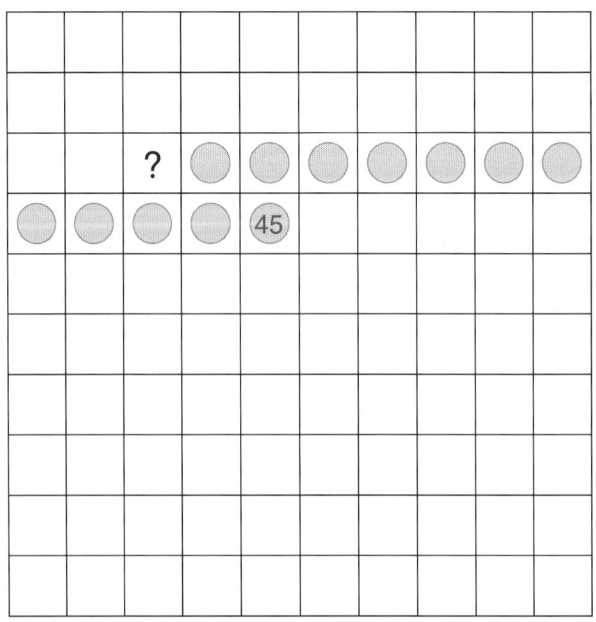

4 Subtraktion mit zweistelligen Zahlen ohne Zehnerübergang

Verwende den Zahlenstrahl.

→ Beispiel: 45 – 12 =

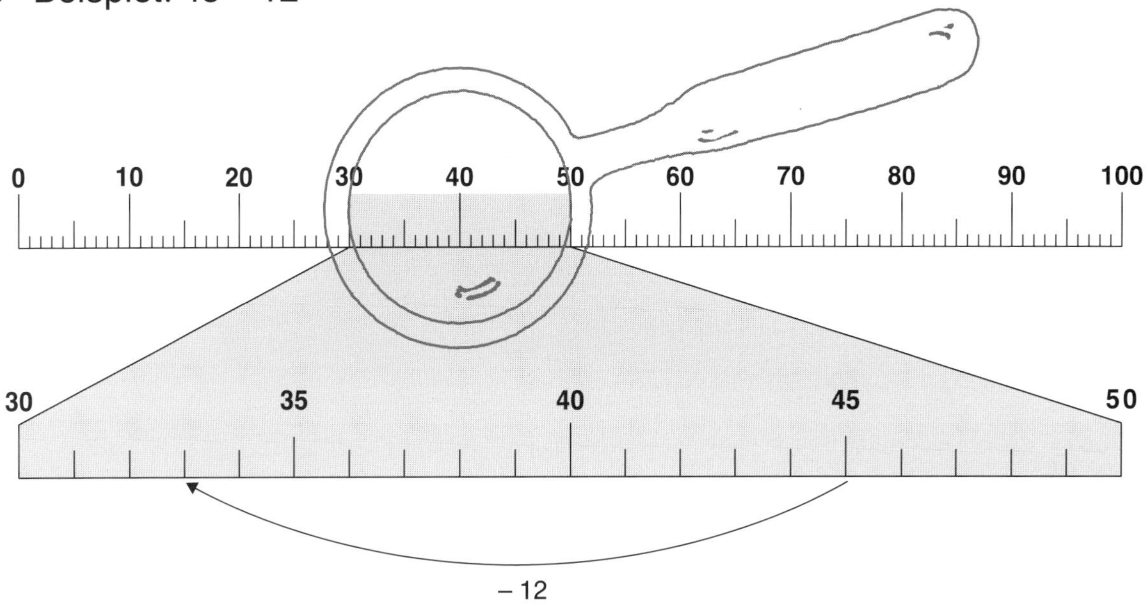

Subtraktion mit zweistelligen Zahlen ohne Zehnerübergang

a) 45 – 12 = 33

b) 57 – 35 = 22

c) 29 – 25 = 4

d) 67 – 27 = 40

e) 86 – 21 = 65

f) 58 – 31 = 27

g) 36 – 13 = 23

h) 67 – 22 = 45

Subtraktion mit zweistelligen Zahlen mit Zehnerübergang

Rechne aus.

a) 63 – 28 = _____

b) 57 – 19 = _____

c) 74 – 25 = _____

d) 66 – 37 = _____

e) 26 – 9 = _____

f) 96 – 18 = _____

g) 71 – 19 = _____

h) 85 – 16 = _____

1 Subtraktion mit zweistelligen Zahlen mit Zehnerübergang

Rechne schrittweise.

1. Ziehe zuerst die Zehner ab.
2. Ziehe dann die Einer ab.

Das folgende Dreieck kann dir helfen.

→ Beispiel: 63 – 28 = _____

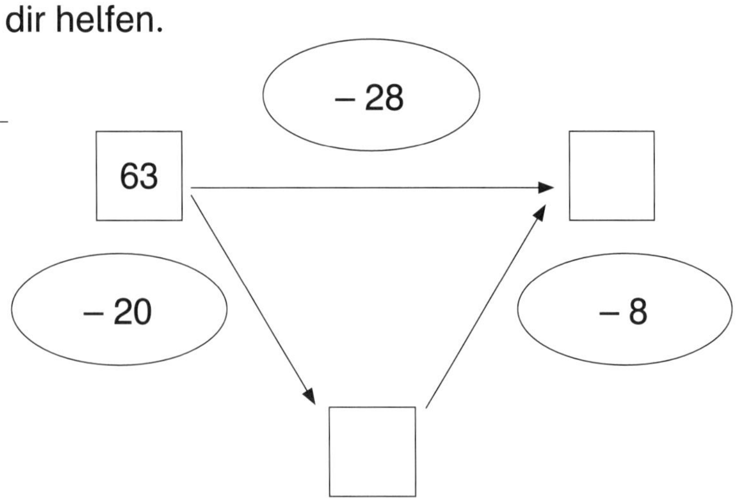

2 Subtraktion mit zweistelligen Zahlen mit Zehnerübergang

Mache einen zusätzlichen Zwischenschritt.

1. Ziehe zuerst die Zehner ab.
2. Ziehe dann so viele Einer ab, dass du zum nächsten vollen Zehner kommst.
3. Ziehe anschließend die restlichen Einer ab.

→ Beispiel: 63 – 28 = _____

1. 63 – 20 = 43
2. 43 – <u>3</u> = 40
3. 40 – <u>5</u> = 35

3 Subtraktion mit zweistelligen Zahlen mit Zehnerübergang

Verwende das Hunderterfeld.

→ Beispiel: 63 – 28 = _____

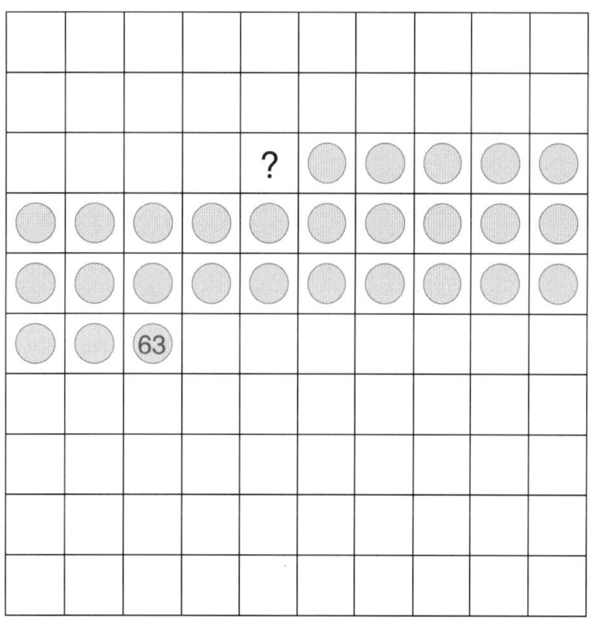

4 Subtraktion mit zweistelligen Zahlen mit Zehnerübergang

Verwende den Zahlenstrahl.

→ Beispiel: 63 – 28 = _____

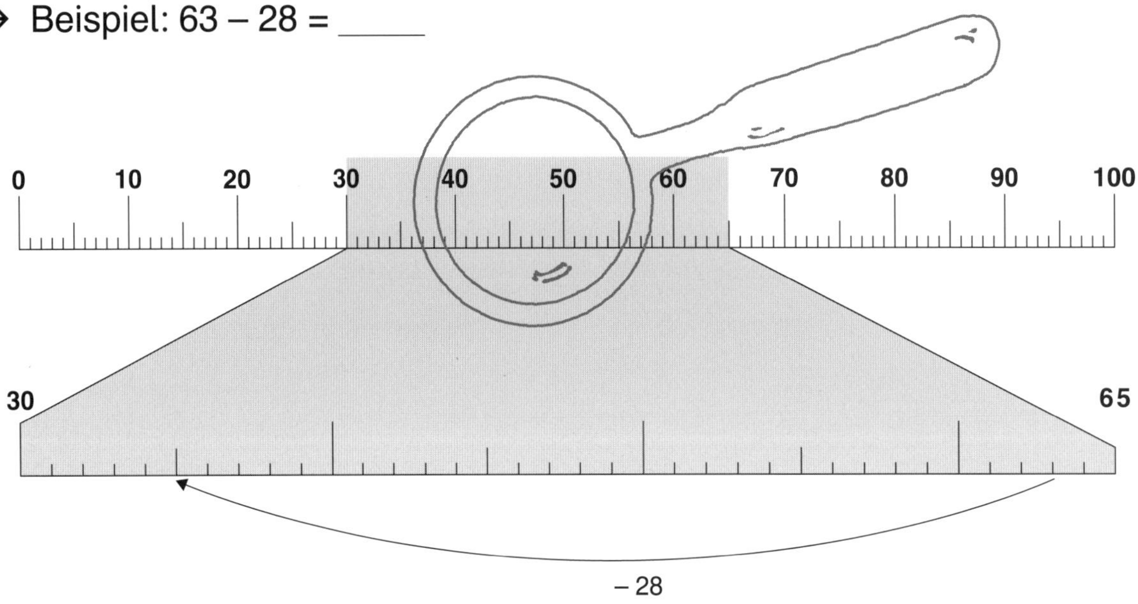

Subtraktion mit zweistelligen Zahlen mit Zehnerübergang

a) 63 – 28 = 35

b) 57 – 19 = 38

c) 74 – 25 = 49

d) 66 – 37 = 29

e) 26 – 9 = 17

f) 96 – 18 = 78

g) 71 – 19 = 52

h) 85 – 16 = 69

Einführung in die Multiplikation

Wie viele Eiskugeln siehst du?
Finde die Multiplikationsaufgabe.
Rechne aus.

____ · ____ = ____

Einführung in die Multiplikation

2 Einführung in die Multiplikation

Die Additionsaufgabe kann dir helfen, die Multiplikationsaufgabe zu finden.

3 + 3 + 3 + 3 = ____

____ · 3 = ____

3 Einführung in die Multiplikation

Verwende den Zahlenstrahl.

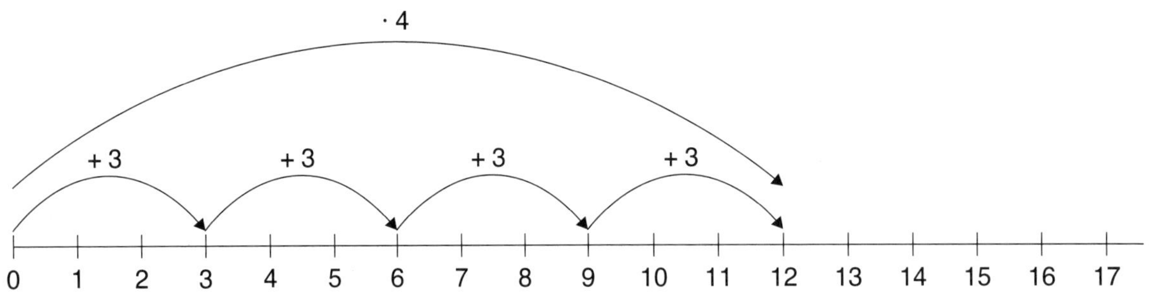

Einführung in die Multiplikation

4 · 3 = 12

Tauschaufgaben

Rechne aus.
Schreibe auch die Tauschaufgabe dazu.

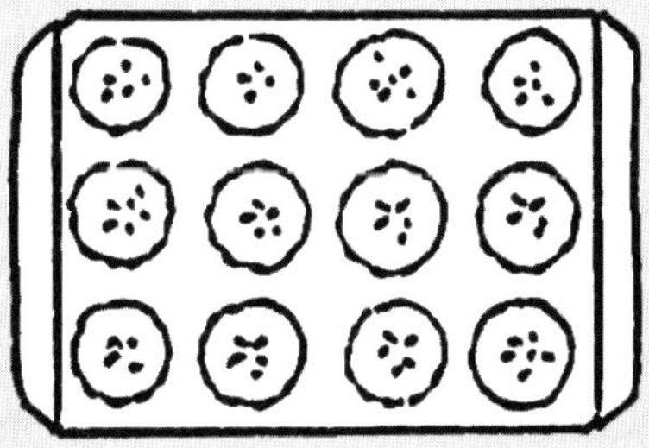

_____ · _____ = _____

_____ · _____ = _____

1 Tauschaufgaben

2 Tauschaufgaben

Beachte: Tauschaufgaben haben immer das gleiche Ergebnis.

→ Beispiel:

$$5 \cdot 3 = 15$$

$$3 \cdot 5 = 15$$

Tauschaufgaben

Denke an die 3er-Reihe und die 4er-Reihe.

1 · 3 = 3	1 · 4 = 4
2 · 3 = 6	2 · 4 = 8
3 · 3 = 9	3 · 4 = 12
4 · 3 = 12	4 · 4 = 16
5 · 3 = 15	5 · 4 = 20
6 · 3 = 18	6 · 4 = 24
7 · 3 = 21	7 · 4 = 28
8 · 3 = 24	8 · 4 = 32
9 · 3 = 27	9 · 4 = 36
10 · 3 = 30	10 · 4 = 40

Tauschaufgaben

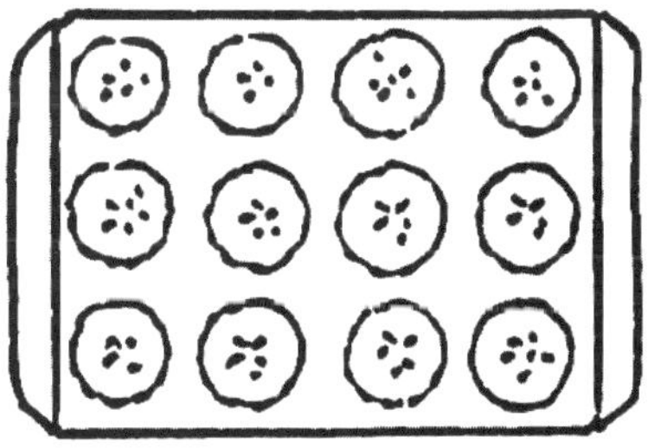

3 · 4 = 12

4 · 3 = 12

Verdoppeln

Durch den Spiegel wird die Anzahl der Plättchen verdoppelt.
Rechne erst die Multiplikationsaufgabe der Plättchen ohne Spiegel.
Zeichne dann die gespiegelten Plättchen in den Spiegel.
Rechne nun die Multiplikationsaufgabe der Plättchen mit den gespiegelten Plättchen.

a)  ____________ ____________

b)  ____________ ____________

c)  ____________ ____________

d) 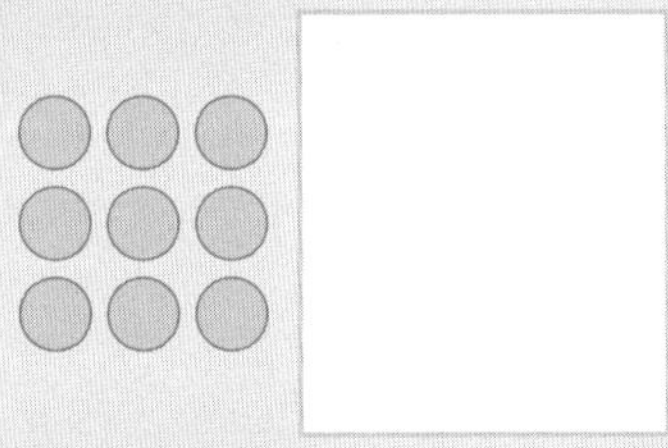 ____________ ____________

Verdoppeln

→ Beispiel:

1 · 2 = 2

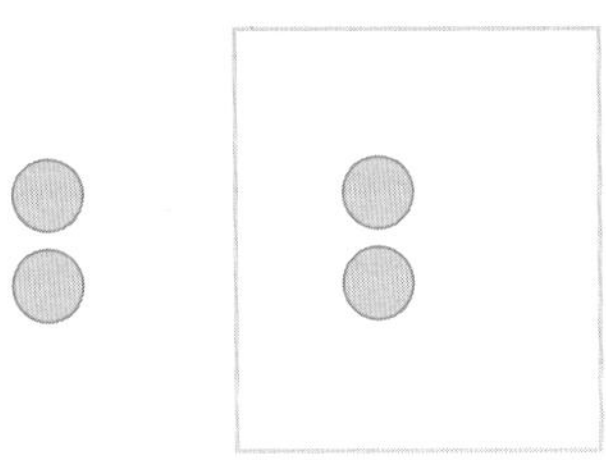

2 · 2 = 4

2 Verdoppeln

a) 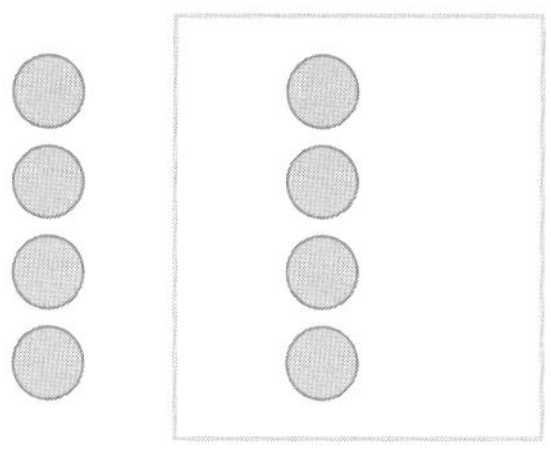 ______ ______

b) 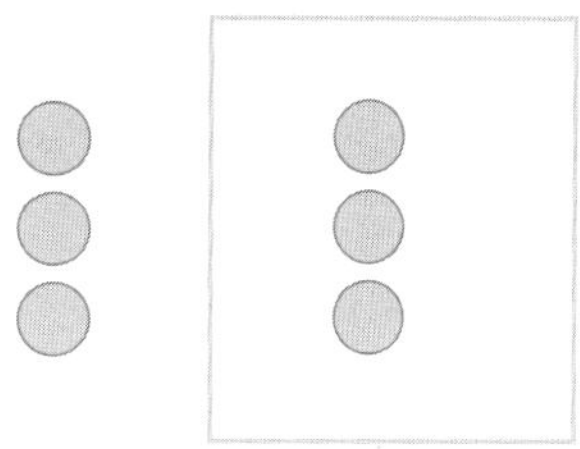 ______ ______

c) 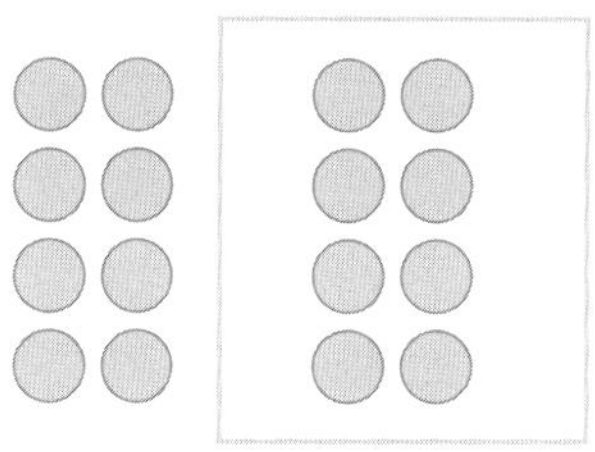 ______ ______

d) 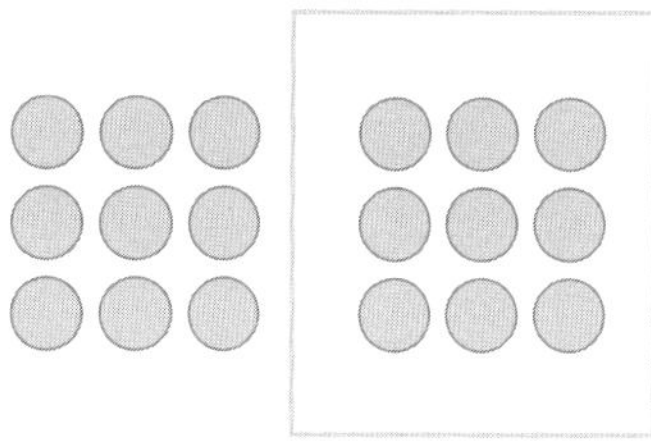 ______ ______

3 Verdoppeln

Verdoppelst du eine Zahl in der Aufgabe, verdoppelt sich auch das Ergebnis.

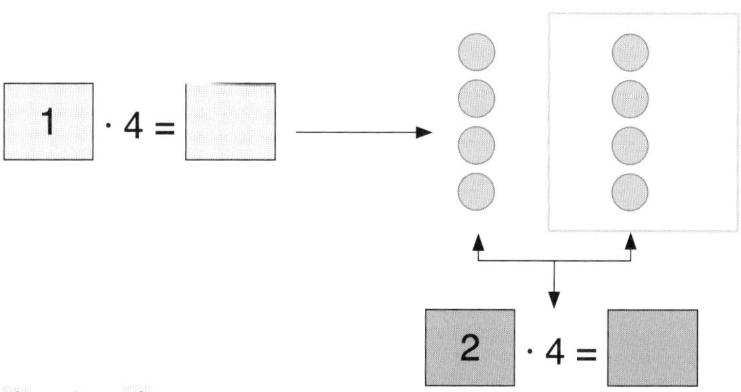

1 · 4 = 4

2 · 4 = 8

4 + 4 = 8

VERDOPPELN

a)

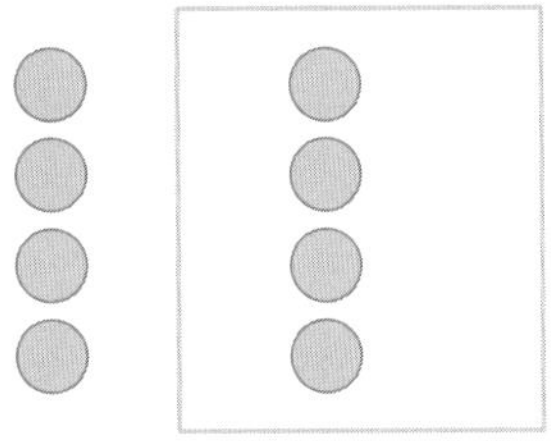

$1 \cdot 4 = 4$

$2 \cdot 4 = 8$

b)

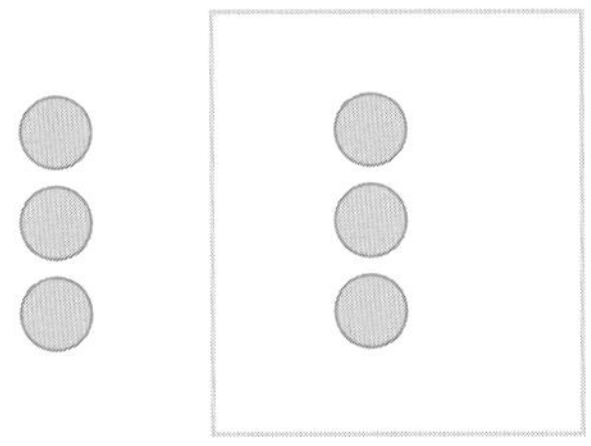

$1 \cdot 3 = 3$

$2 \cdot 3 = 6$

c)

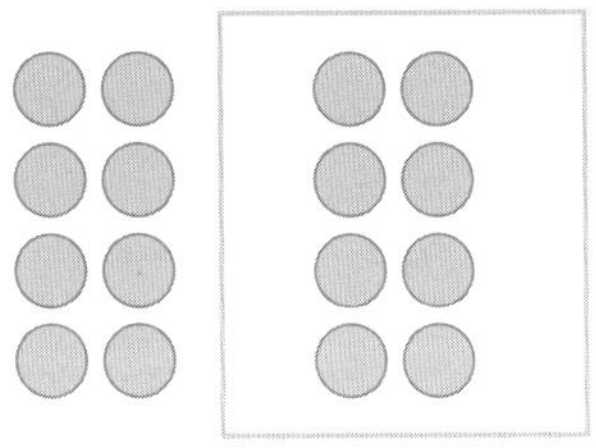

$2 \cdot 4 = 8$

$4 \cdot 4 = 16$

d)

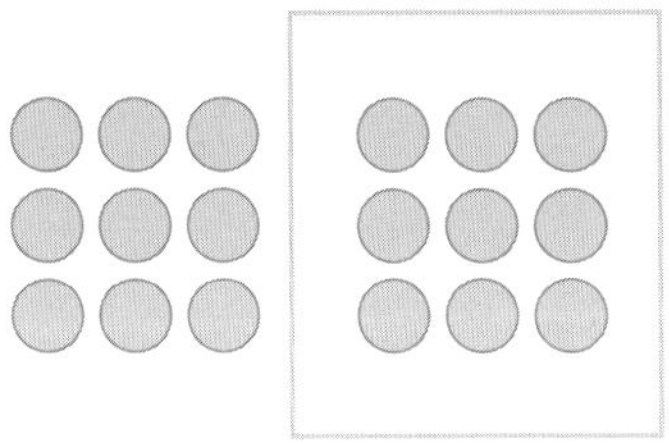

$3 \cdot 3 = 9$

$6 \cdot 3 = 18$

UMKEHRAUFGABEN

Schreibe zu jeder Aufgabe eine Divisionsaufgabe.

Rechne die Probe mit einer Multiplikationsaufgabe.

a) Hier sind 12 Eier. Verteile sie auf die 2 Eierkartons.

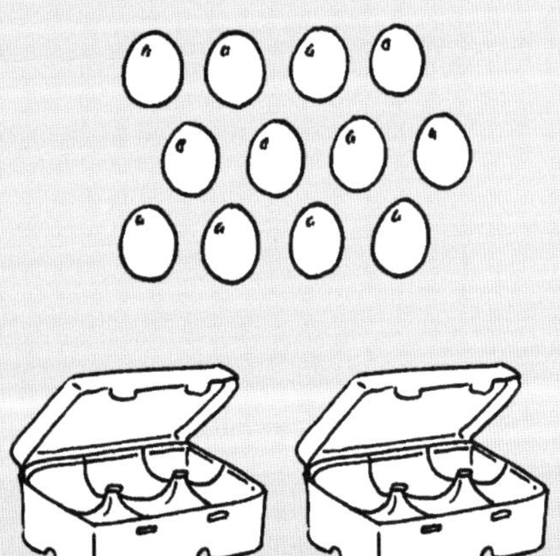

b) Hier sind 18 Eier. Verteile sie auf die 3 Eierkartons.

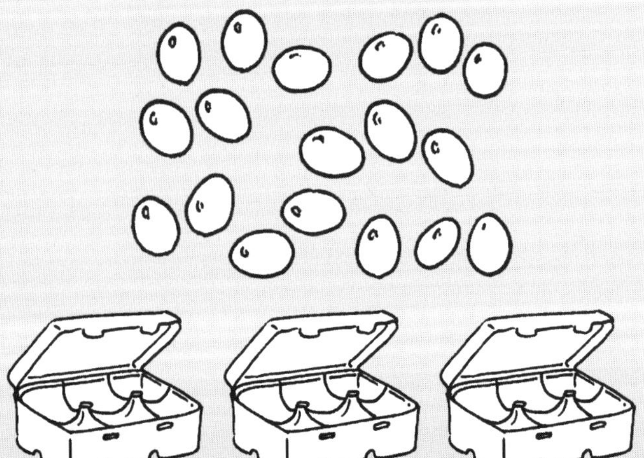

1 Umkehraufgaben

Teile die Eier zunächst auf die Eierkartons auf.

→ Beispiel:

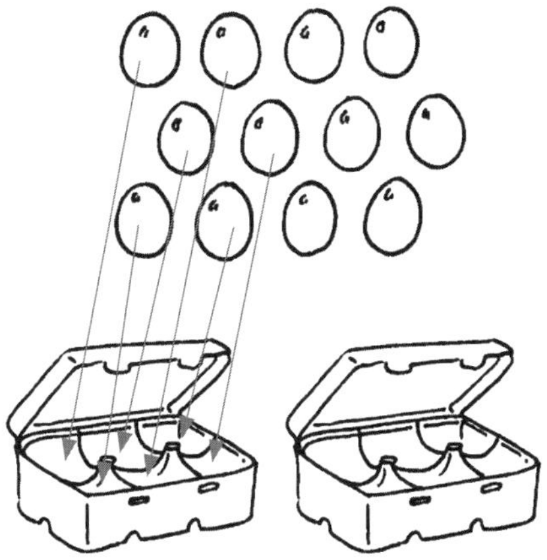

12 : 2 = ____

2 Umkehraufgaben

Die Multiplikationsaufgabe ist die Umkehraufgabe der Divisionsaufgabe.

So veränderst du bei einer Umkehraufgabe die Positionen:

____ : ____ = ____

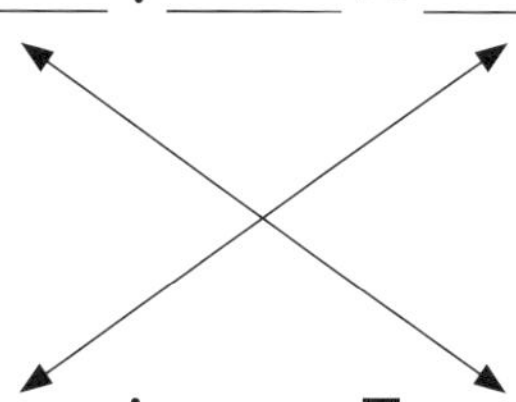

____ · ____ = ____

Umkehraufgaben

Die Multiplikationsaufgabe kannst du dir so vorstellen.

→ Beispiel:

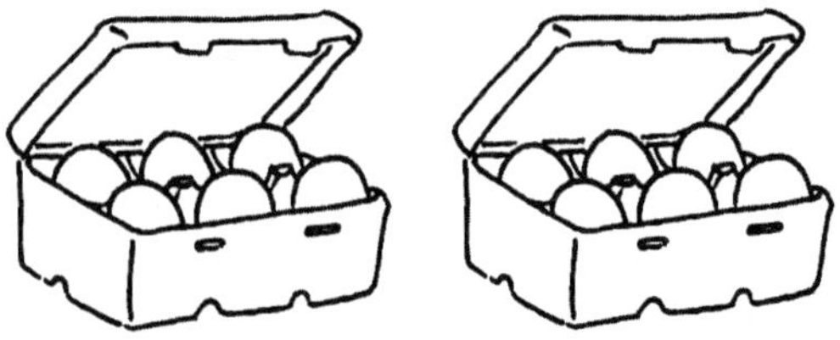

6 · 2 = ______

Umkehraufgaben

a)

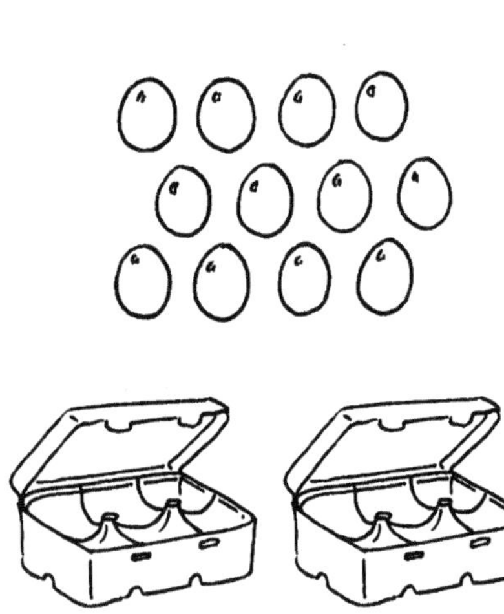

12 : 2 = 6

6 · 2 = 12

b)

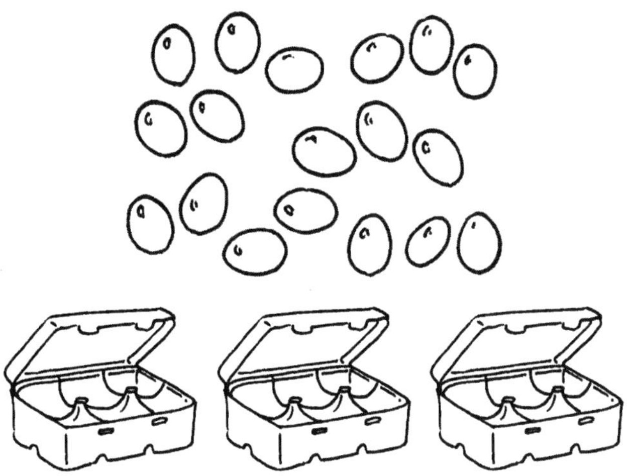

18 : 3 = 6

6 · 3 = 18